Universität Bremen – Studiengang Geographie

MATERIALIEN UND MANUSKRIPTE

Herausgeber:
Gerhard Bahrenberg und Wolfgang Taubmann

Heft 10

Wolfgang Taubmann und Fredo Behrens

Wirtschaftliche Auswirkungen von Kulturangeboten in Bremen

Bremen 1986

Geographisches Institut
der Universität Kiel
Neue Universität

Gutachten im Auftrag des Senators für Bildung, Wissenschaft
und Kunst

Anschrift der Verfasser:
Prof. Dr. Wolfgang Taubmann
Fredo Behrens
Studiengang Geographie, FB 8
Universität Bremen
Bibliothekstr.
2800 Bremen 33

Inhaltsverzeichnis

Seite

Vorwort

0. Zusammenfassung I

1. Einführung: Zur Bedeutung des Klutursektors für die urbane Attraktivität und Stadtwirtschaft 1

2. Bremen im Großstadtvergleich: Image, Kulturbesuche und öffentliche Kulturausgaben 5
2.1 Das Image von Bremen 5
2.2 Kulturbesuche und öffentliche Kulturausgaben 14

3. Kultur als Standortfaktor 19

4. Kulturangebote als zentrale Funktion 23

5. Inzidenzanalyse 28
5.1 Zur Methodik der Inzidenzanalyse 29
5.2 Inzidenzanalysen des Kultursektors 31
5.3 Inzidenzanalyse für die Bremer Kulturinstitute 38
5.3.1 Methodische Vorbemerkungen 38
5.3.2 Inzidenz am Beispiel der Bremer Theater und Museen 41

6. Ergebnisse der Befragung von Theater- und Museums-Besuchern 49
6.1 Durchführung der Untersuchung 49
6.2 Ergebnisse der Untersuchung 50
6.2.1 Herkunft der Besucher 50
6.2.2 Aktivitäten und Geldausgaben 53
6.2.3 Gründe für Stadt- und Museumsbesuche 58
6.2.4 Geschlecht und Alter der Besucher 60

7. Anmerkungen 64

8. Literaturverzeichnis 66

9. Tabellenanhang 70

Vorwort

Kaum eine Stadt in der Bundesrepublik, die nicht mit Anzeigen und Programmen auf ihre kulturelle Attraktivität und ihre kulturellen Leistungen verweist und damit wirbt. Kultur ist offensichtlich der Magnet, mit dem Besucher angezogen, Investoren animiert und die eigenen Bewohner in der Stadt gehalten werden sollen. Museen und Kunstgalerien schießen wie Pilze aus dem Boden, das Konzertleben nimmt zur Zeit einen Aufschwung wie selten zuvor, Stadttheater laufen sich mit groß angelegten Inszenierungen gegenseitig den Rang ab.

Auch Bremen - Kulturhochburg im Nordwesten der Republik - trifft Vorkehrungen: "Bremen braucht Kultur auf hohem Niveau. Damit beweist Bremen auch seine Funktion als Oberzentrum und erringt weit darüber hinausgehend überregionales Ansehen" - so Bürgermeister Klaus Wedemeier in seiner Regierungserklärung vom Oktober 1985.

Was aber ist die besondere Funktion von Kunst und Kultur in einem Oberzentrum wie Bremen?

Welche Verflechtungen bestehen tatsächlich mit anderen Politikbereichen - insbesondere mit dem Wirtschaftsleben dieser Stadt?

Zwar ist bekannt, daß die kulturellen Angebote einer Stadt dem Steuerzahler viel Geld kosten - in Bremen ist es zur Zeit 1,4% des Gesamthaushaltes; doch bestehen nur vage Vorstellungen darüber, warum gerade der auf Kreativität und Genuß bauende Kulturbereich mit den eher zweckrationalen Stadtprozessen, so z.B. in der Wirtschaft, korrespondieren soll.

Um diesen Fragen nachzugehen, habe ich das vorliegende Gutachten in Auftrag gegeben. Mit seiner in dieser Form in der Bundesrepublik zur Zeit einzigartigen Untersuchung förderten Prof. Wolfgang Taubmann und Fredo Behrens, nach eingehender Analyse und eigenen Erhebungen vor Ort, Verblüffendes zu Tage:

Daß sich die Beliebtheit einer Stadt für Bewohner und Besucher sehr eng mit dem Urteil über ihr kulturelles Leben verknüpft, konnte anhand älterer und neuerer Imageuntersuchungen noch einmal eindrucksvoll nachgewiesen werden. Daß Bremen auf diesem Gebiet einen gewissen Nachholbedarf hat, ist an den zusammengetragenen Daten deutlich erkennbar. Ganz neu ist aber die Erkenntnis, daß die städtischen Subventionen für Theater und Museen - nur hierbei wurde es zunächst nachgewiesen - aufgrund weiterer "Verteilungsrunden" in voller Höhe direkt und indirekt der Bremer Wirtschaft zufließen; eingerechnet wurden dabei natürlich auch alle Kapitalzuflüsse aus dem Umland - etwa durch Übernachtung oder Einkaufstätigkeit der auswärtigen Museums- und Theaterbesucher.

Diese Ergebnisse rechtfertigen, statt von Kultursubventionen, künftig von Kulturinvestitionen zu sprechen, die keineswegs "verlorene Zuschüsse" für einen im übrigen entbehrlichen Luxusbereich darstellen, sondern in hohem Maße belebend auf andere gesellschaftliche Prozesse wirken - insbesondere auf den Wirtschaftsbereich, der auch materiell von dieser Förderung profitiert. Deshalb ist es berechtigt, auch einmal darauf hinzuweisen, daß wir im Kulturbereich erhebliche Summen umsetzen, die der Stadt voll wieder zugute kommen. Diese beachtlichen ökonomischen Auswirkungen kultureller Tätigkeit dürfen daher nicht mehr, wie in der Vergangenheit üblich gewesen, einfach unter den Tisch gekehrt werden. Ich bin Prof. Taubmann und seinem Mitarbeiter Fredo Behrens daher dankbar, daß sie diese Zusammenhänge deutlich gemacht und auf Heller und Pfennig nachgerechnet haben. Die Universität hat damit einmal mehr den Nachweis erbracht, wie wichtig sie inzwischen für Politikberatung geworden ist.

Freilich konnten diese Zusammenhänge zunächst nur am Beispiel einzelner Kultureinrichtungen nachgewiesen werden. Mit Sicherheit wirken hier aber noch ganz andere kulturelle Kräfte und Prozesse mit. Zum kulturellen Klima einer Stadt, das einen Anreiz auf Bewohner und Besucher ausübt, zählen neben der Arbeit in den großen Kulturinstituten zum Beispiel auch die kulturelle Bildungsarbeit in Weiterbildungseinrichtungen, in der Jugend- und Volksmusikschule und in Bibliotheken, die Förderung der Bremer Künstler, die Entfaltung der kulturellen Breitenarbeit in den Stadtteilen, Betrieben und soziokulturellen Zentren und die Mitwirkung von Kunst, Kultur und Denkmalpflege bei der ästhetischen Gestaltung der Stadt.

Durch alle Jahrhunderte haben die Städte es sich zur Aufgabe gemacht, diese kuturelle Vielfalt und Lebendigkeit zu pflegen und sich damit ein unverwechselbares Profil zu geben. Diese Aufgaben wachsen in dem Maße, wie die Stadtbewohner angesichts knapper werdender Arbeit nach einer neuen gesellschaftlichen Identität und lokalen Verankerung suchen.

Die Entfaltung eines kulturellen Klimas braucht Bremen aber auch, um Innovationspotentiale in anderen gesellschaftlichen Bereichen, in der Wissenschaft, Technik und Wirtschaft zu mobilisieren und damit den Anschluß an die gesellschaftliche Entwicklung moderner Großstädte zu halten.

Ich möchte daher andere Planer, Wissenschaftler, Wirtschaftsexperten und Politiker anstiften, diese Denkanstöße auf ihre eigenen Arbeitsbereiche zu übertragen und so die kreativen Impulse aus Kultur und Kunst für sich zu nutzen.

Allerdings - das sei zum Abschluß noch einmal betont - eine Betrachtungsweise, die Kultur ausschließlich unter ökonomischen Aspekten zu sehen, greift zu kurz. Kunst und Kultur haben einen autonomen Eigenwert, der nicht rechenbar ist und der eine Rechtfertigung in sich darstellt. Ich trete für

die Kultur ein, weil sie für das Leben der Menschen und
der Gesellschaft aus sich heraus wichtig ist. Diese Eigendynamik macht sie eben auch für unsere Städte und deren
Zukunftssicherung unentbehrlich.

Bremen hat traditionell für seine Bürger einen hohen Identifikationsgrad, den es zu stärken und für die Attraktivität nach außen zu nutzen gilt. Die hierfür notwendigen
Entwicklungspotentiale sind in Bremen gegeben: Eine attraktive, gut bewohnbare Stadtlandschaft, eine kulturelle Vielfalt auf allen Ebenen des städtischen Lebens und eine große
Bereitschaft der Bremer Bürger, sich neuen Aufgaben mit
Engagement und Phantasie zuzuwenden.

Horst-Werner Franke
    (Senator)

0. Zusammenfassung

Einführung

Unsere gegenwärtige Gesellschaft ist auf dem Weg in eine postindustrielle Freizeit- bzw. Informationsgesellschaft. Die neuen Aufgaben der Großstädte werden deshalb zunehmend im Bereich der sog. kommunikativen und dispositiven Funktionen und immer weniger in der traditionellen Produktion liegen.

Die Attraktivität und auch das Image der großstädtischen Zentren wird verstärkt durch die Qualität der "kulturellen Infrastruktur" mitbestimmt, weil die herkömmliche Infrastruktur in den Verdichtungsräumen weitgehend ein gleichartiges Niveau aufweist.

Haushaltsnahe Dienstleistungen, d.h. auch alle künstlerischen und kulturellen Angebote, werden für den Wohn- und Freizeitwert und damit für die Attraktivität der Städte noch größeres Gewicht gewinnen, insbesondere für qualifizierte Beschäftigte in zukunftsorientierten Branchen.

Das kulturelle Leben einer Stadt wird durch ein breitgefächertes Angebot bestimmt. Nicht allein die klassischen Kulturangebote, wie z.B. Theater, Museen oder Orchester, sondern auch die dezentralisierte, stadtteilbezogene Kulturarbeit sind wesentlicher Bestandteil urbaner Lebensqualität.

Unsere Analyse beschränkt sich auf ausgewählte Kultureinrichtungen, sog. hochkulturelle Angebote.

Kulturelle Institutionen können als "Produktionsstätten" betrachtet werden, die zahlreiche "externe Effekte" auslösen.

Zu den externen Wirkungen sind u.a. zu zählen:

- unmittelbare wirtschaftliche Auswirkungen, weil Güter und Dienste vorgelagerter Wirtschaftszweige nachgefragt werden, weil städtische Einwohner, Umlandbewohner und Touristen mit dem Besuch von Kulturveranstaltungen häufig andere Aktivitäten verknüpfen und damit zur Umsatzerhöhung bei Anbietern komplementärer Güter führen (z.B. Restaurants, Gaststätten, Hotels usw.).

- Erhöhung des Images und der Attraktivität einer Stadt;

- Verbesserung der Lebensqualität für die städtischen Bewohner und Förderung des urbanen Milieus;

- Belebung der Innenstadt;

- außerhalb der Marktbeziehungen wirkende Einflüsse wie z.B. "Pflege des kulturellen Erbes" oder "Ausbildung künstlerischer Talente".

Das vorliegende Gutachten beschäftigt sich im einzelnen mit folgenden Fragestellungen:

1. Bremen im Großstadtvergleich

2. Kultur als Standortfaktor

3. Kulturangebote als zentrale Funktion

4. Wirtschaftliche Auswirkungen von Kulturangeboten im engeren Sinn (Inzidenzanalyse)

5. Ergebnisse der Befragung von Kulturbesuchern.

1. <u>Bremen im Großstadtvergleich</u>

Das Image der Stadt Bremen war im Vergleich mit anderen deutschen Großstädten (über 0,5 Mio. Einwohner) über Jahre hinweg wenig erfreulich. Bremen lag in der Beliebtheit unter den Bundesbürgern knapp vor den Ruhrgebietsstädten Dortmund und Essen. Erst seit Beginn der 80er Jahre nimmt die Stadt einen Mittelplatz unter den größten deutschen Städten ein (vgl. Tab. S. 8). Kulturangebote bzw. kulturelle Aktivitäten - wichtige Imagekomponenten - werden allerdings nach wie vor von Auswärtigen wie von der Bremer Bevölkerung relativ niedrig eingeschätzt, d.h. Kultur stellt gegenwärtig einen wesentlichen Bereich unterdurchschnittlichen Images dar, abgesehen von dem neuen Image "ökonomischer Passivraum".

Von dem Kulturimage gehen noch zu wenig Impulse aus, obgleich Besuche von kulturellen Einrichtungen eine wesentliche Aktivität während eines Bremen-Aufenthaltes sind.

Auch die Besuchsstatistik der kulturellen Institutionen, d.h. Museums- oder Theaterbesuche je 100 Einwohner, weist Bremen im Großstadtvergleich einen unteren Rang zu (vgl. S. 14). Gemessen in absoluten Zahlen nimmt seit 1983/84 der Theaterbesuch wieder zu, dagegen ist insbesondere der Besuch des Übersee-Museums seit 1980 rückläufig. Eine möglichst rasche Wiedereröffnung aller Abteilungen und die Wiedereinrichtung des Aquariums würden sicher die Attraktivität dieses Museums erhöhen.

Die öffentlichen Kulturausgaben in Bremen halten einem Vergleich mit den der anderen beiden Stadtstaaten nicht stand (S. 17). Die Theateraufwendungen liegen z.B. gegenwärtig auch unter dem Durchschnitt der Städte mit über 0,5 Mio. Einwohnern.

Grundproblem bleibt, daß in den Metropolen der Flächenstaaten Kulturaufwendungen von Land und Kommunen oft kombiniert werden. Bremen müßte also seine Aufwendungen für Kultur erhöhen, wollte es den Vorsprung der übrigen Großstädte einholen und seiner kulturellen Versorgungsfunktion für das Umland noch besser gerecht werden.

2. **Kultur als Standortfaktor**

Folgerungen für diesen Aspekt wurden aus der vorliegenden Literatur gezogen: nahezu alle einschlägigen Arbeiten betonen die Bedeutung kultureller Faktoren bei der Standortwahl sowohl von Unternehmern wie von Haushalten.

Für die unternehmerische Standortwahl haben die klassischen Faktoren weitgehend an Bedeutung verloren, immer entscheidender werden der Dienstleistungsbereich und der Wohnwert einer Stadt.

Je höher die Qualifikation der Arbeitskräfte - qualifizierte Arbeitnehmer stellen im übrigen auch in Krisenzeiten einen Engpaßfaktor dar -, umso größer die Bedeutung der Wohn-, Bildungs- und Freizeitwerte.

Solche Standortfaktoren können in Zukunft für Standortentscheidungen sogar Basisfaktoren sein. Wichtig ist in diesem Zusammenhang: eine Stadt muß oft nur als kulturelles Zentrum identifizierbar sein, ohne daß die Angebote auch aktiv genutzt werden.

Kultur ist also ein wesentlicher Bestimmungsfaktor des Wohnwertes, und zwar Kultur in jeder Hinsicht: das bauliche Erscheinungsbild einer Stadt, die klassischen Kulturinstitute und die dezentralisierte Stadtteilkultur.

Die Bedeutung von Kultur für die Verbesserung der Standortbedingungen hat inzwischen in vielen kommunalen Strategiepapieren und Strategien ihren Niederschlag gefunden (vgl. z.B. Frankfurt und Hamburg). Bremen wäre schlecht beraten, wenn es eine Einschränkung seiner kulturellen Aktivitäten aus finanziellen Gründen zuließe - vor allem auch in Anbetracht der Konkurrenz zu Hamburg.

3. **Kulturangebote als zentrale Funktion**

In der Hierarchie der zentralen Orte wird Bremen als Oberzentrum eingestuft, allerdings aufgrund seiner relativen Schwäche in den überregional bedeutsamen Funktionen mit kleineren Regionalzentren (z.B. Münster, Nürnberg) auf eine Stufe gestellt.

Auch die regionalen Funktionen, wie z.B. Dienstleistungen und Einzelhandelsangebote, zeigen strukturelle Schwächen.

Kulturangebote sind ebenfalls ein Bestimmungsfaktor der Zentralität. Die bremischen Kulturinstitute haben teilweise eine größere obere Reichweite als andere Funktionen und können damit zu einer Erweiterung deren Einzugsbereich führen.

Insbesondere der Einzugsbereich der Museen ist überregional ausgerichtet: 71 % der befragten Besucher kamen von außerhalb, davon mehr als die Hälfte aus Regionen außerhalb des Umlandes (vgl. Abb. 2a und 2b, S. 26).

Der Anteil der Auswärtigen unter den Theater-Besuchern ist mit 38 % geringer, dafür üben die Theater eine stabile Umlandfunktion aus und binden relativ weite

Bereiche an die Stadt (vgl. Abb. 2c, S. 26a). Entscheidend ist letztlich das Gewicht der Kulturangebote in einem ausgewogenen "functional mix", der erst den Rang eines Zentrums ausmacht.

4. Wirtschaftliche Auswirkungen im engeren Sinn (Inzidenzanalyse)

Die Methodik der Inzidenzanalyse wird hier nicht mehr dargestellt (vgl. dazu z.B. Abb. 3, S. 28). Innerhalb des Kulturbereiches beschäftigen sich die Untersuchungen im wesentlichen mit den sozialen und regionalen Verteilungswirkungen der Theaterausgaben.

Mit Blick auf die soziale Verteilungswirkung ist festzuhalten, daß in Bremen eine breite Mittelschicht bzw. Schüler und Studenten begünstigt werden (S. 31/32).

Entscheidender ist die regionale Verteilungswirkung: nach der auf S. 37ff. beschriebenen Vorgehensweise sind insbesondere am Beispiel des Theaters die Ausgabenströme der Institute wie der Besucher regionalisiert und mit plausiblen Multiplikatoren versehen worden.

Danach induzierten 1984 die Sachaufwendungen des Theaters und die Löhne des Personals einen Zahlungsfluß an die bremische Wirtschaft von 18,8 Mio., während die Nebenausgaben der Besucher zu Zahlungen von 7,9 Mio. DM führten (vgl. S. 40/41).

In etwas verkürzter und teilweise geschätzter Form wurden nach gleichem Muster die Ausgaben der Kunsthalle, des Focke-Museums und des Übersee-Museums erfaßt. Die induzierten Ausgaben der Museen betragen 6,4 Mio. DM, die der Museums-Besucher 4,1 Mio. jährlich.

Direkte und induzierte steuerliche Rückflüsse durch Theater und Museen ergeben 3,8 Mio. DM.

Theater und Museen stellen überdies zumeist qualifizierte Dauerarbeitsplätze für ca. 540 Personen bereit.

Schon rein rechnerisch lohnen sich also die öffentlichen Kulturausgaben Bremens, wenn man die finanziellen Transaktionen unter den gegebenen Annahmen betrachtet: den Subventionen von 32,5 Mio. DM stehen induzierte Zahlungsströme an die bremische Wirtschaft von 37,2 Mio. gegenüber.

Eine solche ökonomische Betrachtung ist zu ergänzen um die zahlreichen indirekten und aufgrund des komplexen Zusammenhangs nicht immer erfaßbaren Auswirkungen kultureller Institutionen und deren Angebote.

5. **Befragung von Kulturbesuchern**

Die Befragung war zunächst notwendig geworden, um valide Angaben über Herkunft, Aktivitäten und Ausgaben der Besucher von Kulturinstitutionen zu erhalten. Darüber hinaus sind zahlreiche weitere Daten zur Altersstruktur, zum Geschlecht, zur Gruppengröße, zu Besuchshäufigkeit, zum Grund des Bremen- und Museums-Besuches usw. erhoben worden. Ebenso wurde der Einfluß verschiedener unabhängiger Variablen auf Aktivitäten und Geldausgabe mit Hilfe zweidimensionaler Tabellen ermittelt. Im Kapitel 6 wird eine ausführliche Tabelleninterpretation gegeben, im Anhang finden sich 34 Tabellen.*

Hier seien schlaglichtartig nur wenige Stichworte genannt:

- Die Museen, allen voran das Übersee-Museum, haben einen ausgeprägten überregionalen Einzugsbereich.

- Die an den Besuchszahlen gemessene regionale und überregionale Wirkung des Bremer Theaters ist mit der anderer Großstädte vergleichbar.

- Das Aktivitätsniveau der bremischen Theatergäste ist ähnlich wie das in Zürich und Wien beobachtete.

- Die Aktivitätsbreite der Theater-Besucher ist naturgemäß eingeschränkt, während z.B. fast die Hälfte der Museums-Besucher auch eine Stadtbesichtigung unternimmt.

- Das Aktivitätsniveau ist deutlich altersabhängig: besonders die Gruppe der 20 - 39Jährigen dominiert z.B. beim Gaststättenbesuch.

- Die Besucher der einzelnen Kulturinstitutionen zeigen ein spezifisches Altersprofil: Übersee-Museum und Großes Haus haben einen relativ hohen Anteil von

Jugendlichen unter 20 Jahren; Schauspielhaus und Concordia ziehen überdurchschnittlich viele 20 - 39-Jährige an.

---

* Die umfangreichen Erhebungen - rund 2.330 Theater-Besucher und rund 750 Museums-Besucher wurden befragt - hätten sich ohne das dankenswerte Engagement von Schülern der 13. Jahrgangsstufe des Kurt-Schumacher-Gymnasiums, von Studenten des Studiengangs Geographie sowie von pädagogischen ABM-Kräften nicht durchführen lassen.

1. Einführung: Zur Bedeutung des Kultursektors für die urbane Attraktivität und Stadtwirtschaft

Die Rolle des kommunalen Kulturangebotes in ökonomischen Zusammenhängen exakt zu messen, ist aufgrund des komplexen und ganz überwiegend indirekten Wirkungszusammenhanges schwer möglich. Nicht zuletzt deshalb gerät der Kulturetat in der Auseinandersetzung um knappe Haushaltsmittel häufig unter erheblichen Legitimationsdruck. Es wäre allerdings allzu vordergründig, das volkswirtschaftliche Effektivitätsargument für sich allein zu nehmen.[1] Der "Produktivfaktor" Kultur beinhaltet auch zahlreiche Dimensionen wie Lebensqualität, Kreativität oder Innovation, die sich jedenfalls kurzfristig nicht in ökonomischen Einheiten quantifizieren lassen.[2]

Unter zahlreichen Landes- und Kommunalpolitikern zwischen Baden-Württemberg und Hamburg besteht gegenwärtig Einigkeit darüber, daß das Image und die Attraktivität der Metropolen weitgehend durch die Qualität der "kulturellen Infrastruktur" mitbestimmt werden, weil die konventionelle Infrastruktur, wie z.B. Straßen oder Krankenhäuser, in den Verdichtungsräumen überwiegend ein gleichartiges Niveau aufweist. Abzusehen ist in diesem Zusammenhang vielleicht von den Bildungseinrichtungen, zumal in Bremen, von denen erhebliche positive oder negative Auswirkungen ausgehen können.

Die zunehmende Bedeutung der Kultur als einem "wesentlichen Element in der Stadtentwicklung" (Gerhard Banner) ist sicher auch im Zusammenhang mit der Transformation unserer gegenwärtigen Gesellschaft in eine "postindustrielle Freizeitgesellschaft" oder mit der Umwandlung der Industriegesellschaft in eine Informationsgesellschaft zu begründen.[3]

Die neuen Aufgaben der Großstädte - dies zeigen etwa die dynamischen Ballungsräume - werden zunehmend im Bereich der Informationserzeugung und -verarbeitung bzw. der Steuerungsfunktionen und immer weniger in der herkömmlichen Produktion liegen.

Insbesondere produktionsorientierte Dienstleistungen, wie z.B. Software-Entwicklung, Marktforschung oder Unternehmensberatung, bleiben auf das urbane Milieu (z.B. Informationsnähe, persönliche Kontaktmöglichkeiten usw.) angewiesen.

Neben den produktionsorientierten werden sog. haushaltsnahe Dienstleistungen für den Wohn- und Freizeitwert und damit für die Attraktivität der Städte noch größeres Gewicht gewinnen.

Wesentlicher Bestandteil dieser haushaltsorientierten Dienstleistungen sind Freizeit-, Unterhaltungs- und Kulturangebote.

Ein breitgefächertes und attraktives kulturelles Angebot erhöht nicht allein die Anziehungskraft einer Stadt für qualifizierte Beschäftigte in zukunftsorientierten Branchen, es wird bei dem zunehmenden Anteil arbeitsfreier Zeit auch zum unverzichtbaren Bestandteil der städtischen Lebensqualität. Dies gilt für die stadtteilbezogene, dezentralisierte Kulturarbeit ebenso wie für die klassischen Kulturangeobte, wie z.B. Theater, Museen oder Musikveranstaltungen.

Aus erfassungs- und arbeitstechnischen Gründen beschränken wir uns auf ausgewählte Einrichtungen im Bereich sogenannter hochkultureller Angebote. Eine erste Übersicht über deren wirtschaftliche Auswirkungen zeigt bereits vielfältige Aspekte:

Kulturelle Institutionen sind "Produktionsstätten" mit erheblicher ökonomischer Auswirkung. "Güter und Dienste zahlreicher Wirtschaftszweige werden nachgefragt, Arbeitsplätze werden erhalten und Einkommen werden geschaffen, die zum überwiegenden Teil für Konsumzwecke ausgegeben werden".[4] Die Ausgaben für Kultur tragen über Lohn- und Sachausgaben der Institute nicht nur zur wirtschaftlichen Belebung bei, sondern bewirken ebenfalls beträchtliche Rückflüsse an die öffentlichen Haushalte.

Die Kultur hat auch über diesen Aspekt hinausgehende Effekte. In der Wirtschaftswissenschaft wurde hierfür der Begriff "externe Effekte" eingeführt. "Ein Wirtschaftssubjekt erzeugt durch seine Dispositionen, durch Produktion und Konsumption bei anderen Vor- und Nachteile, die in die Wirtschaftsrechnung nicht eingehen, andere ohne Marktbeziehungen begünstigen oder benachteiligen und unkompensiert bleiben".[5] Es sind sog. "untraded interdepencies", produktions- und konsumbedingte Aktivitäten, die ohne Marktbeziehungen außerhalb des Preismechanismus wirken. In der Regel sind sie zufällige, vom Verursacher ungeplante und unbeabsichtigte Nebenprodukte, die sich direkt - materiell oder immateriell - auf die Wohlfahrt anderer Wirtschaftssubjekte auswirken. Sie unterliegen nicht dem Ausschlußprinzip, d.h. es kann kein Subjekt von dem "Genuß" dieser Effekte ferngehalten werden.

Diese materiellen und immateriellen Verteilungswirkungen betreffen zunächst andere Wirtschaftssubjekte, d.h. Privatpersonen und Unternehmen, und in der Folge führen sie zu interregionalen Verteilungseffekten, die als "spill-over" bezeichnet werden.[6]

Kulturangebote können - wie aus den einleitenden Bemerkungen deutlich geworden ist - als Standortfaktor nicht nur für Unternehmen, sondern auch für die Wohnstandortwahl der Bewohner eine wichtige Rolle spielen. Eine kulturelle Grundausstattung ist für eine Stadt von der Größenordnung Bremens unabdingbar. Würden Mindeststandards unterschritten, so würde dies auch unter Imageaspekten verheerende Folgen haben. Von Bedeutung ist in diesem Zusammenhang, daß eine Stadt oft nur "als kulturelles Zentrum identifizierbar sein (muß), ohne daß die Angebote unbedingt aktiv genutzt" werden.[7] D.h. allein das Angebot ist vielfach entscheidend für die subjektive Einschätzung des Wohnwertes.

Kulturelle Einrichtungen und Kulturangebote zählen zu den Funktionsgruppen, die den zentralen Rang einer Stadt für ihre zugeordnete Region ausmachen. Die oberzentrale Stellung Bremens wird also auch durch die Reichweite der Kulturfunktion bestimmt; u.U. können kulturelle Angebote ein größeres Umland an die Stadt binden als die übrigen zentralen Funktionen wie z.B. Handel oder Dienstleistung, deren Rang teilweise durch die Konkurrenz aus dem Umland geschwächt worden ist.

Die kulturelle Anziehungskraft Bremens würde damit längerfristig Umlandgebiete an die Stadt binden können, deren Bewohner in anderen Daseinsfunktionen auf benachbarte Zentren ausgerichtet sind.

Nicht zuletzt löst selbstverständlich die Inanspruchnahme von Kulturangeboten auch andere Aktivitäten in der Stadt aus, die ihrerseits wirtschaftliche Wirkungen haben (vgl. dazu die Ergebnisse der Befragung).

Das Schlagwort "Kultur ist zu teuer", unter dem die kommunalen Budgetplaner angesichts der Haushaltsdefizite ihren Rotstift ansetzen, muß also vor dem Hintergrund der Wechselwirkungen von Kultur und Wirtschaft relativiert werden. Tatsächlich macht auch dieser Etat einen sehr geringen Anteil an den kommunalen bzw. öffentlichen Ausgaben aus. Die Subventionen für öffentliche Theater betrugen z.B. 1978 in der Bundesrepublik nur 0,287 % der öffentlichen Ausgaben, 1966 hatten sie 0,263 % ausgemacht. Eine Sanierung der Staatsfinanzen würde selbst durch den absoluten Kahlschlag der Subventionen nicht erreicht werden. Doch - ist Kultur zu teuer? Diese primär wertbestimmte Frage ist ökonomisch-rational nicht zu beantworten. Wie der steigende Anteil der Theaterausgaben belegt, ist jedoch die Feststellung berechtigt: "Kultur wird immer teurer!"

Die Kostenentwicklung des Kultursektors ist keine neue Situation. Neu ist, daß sich Ökonomen in verstärktem Maße damit beschäftigen. So stellten z.B. Baumol/Bowen (1966) fest, daß das Londoner Dury-Lane-Theater von 1740 bis 1964 eine durchschnittliche Kostensteigerung von 1,4 % aufzuweisen hatte, während die allgemeine Preissteigerung in diesen 224 Jahren in England nur 0,9 % jährlich betrug.

Der Kostendeckungsgrad der öffentlichen Theater durch Eigeneinnahmen sank in der Bundesrepublik von durchschnittlich 40 % im Jahre 1957 auf 16,6 % 1983/84 (Bremen 1983/84: 14,5 %).[8] Baumol/Bowen, die sich als erste mit dieser Problematik auseinandersetzten, formulierten daraufhin ein Gesetz, das seitdem als Baumolsches Gesetz der Theaterökonomie bezeichnet wird. Die Kulturproduktion stellt einen archaischen, handwerklich bestimmten Wirtschaftssektor dar, der im wesentlichen die gleiche Produktivität wie vor Hunderten von Jahren aufweist.

Ein Theaterstück von Shakespeare erfordert z.B. heute noch mindestens den gleichen Personaleinsatz wie vor 300 Jahren. Da aber die allgemeine Produktivität in diesen Jahrhunderten enorm zugenommen hat, d.h. der Output pro Beschäftigtem sehr stark angestiegen ist, konnten auch die Löhne fast entsprechend ansteigen.

Die Kulturproduktion konnte und kann sich von der allgemeinen Lohnentwicklung nicht abkoppeln, die Lohnausgaben mußten auch hier steigen. Eine rein marktwirtschaftliche Konzeption würde zum Untergang der meisten Kulturinstitute führen. Der Kultursektor würde zu einem sehr kleinen Bereich degenerieren, der nur noch für die Prestige-Bedürfnisse der finanziellen Elite produziert. Baumol/Bowen bezeichnen ihr Gesetz als allgemeingültig, d.h. die Kosten-Ertrags-Situation der Kulturinstitute wird sich prinzipiell weiter verschlechtern.
Unter der Voraussetzung, daß die Kulturproduktion auf gleichbleibendem (Qualitäts-)Niveau gehalten wird, ist auch für die Zukunft mit einem Anstieg des Subventionsbedarfs zu rechnen.

2. Bremen im Großstadtvergleich
Image, Kulturbesuche und öffentliche Kulturausgaben

2.1 Das Image von Bremen

"Images sind mehrdimensionale, verfestigte Systeme, die unter Einwirkung vor allem affektiver, kognitiver, selektiver und personaler Komponenten entstehen und als ganzheitliche Ergebnisse dynamischer Lernprozesse anzusehen sind".[9] Sie sind Steuerungssysteme menschlichen Verhaltens. Ganser (1970) hat den Prozeß der Imagebildung graphisch dargestellt (s. Abb.1).

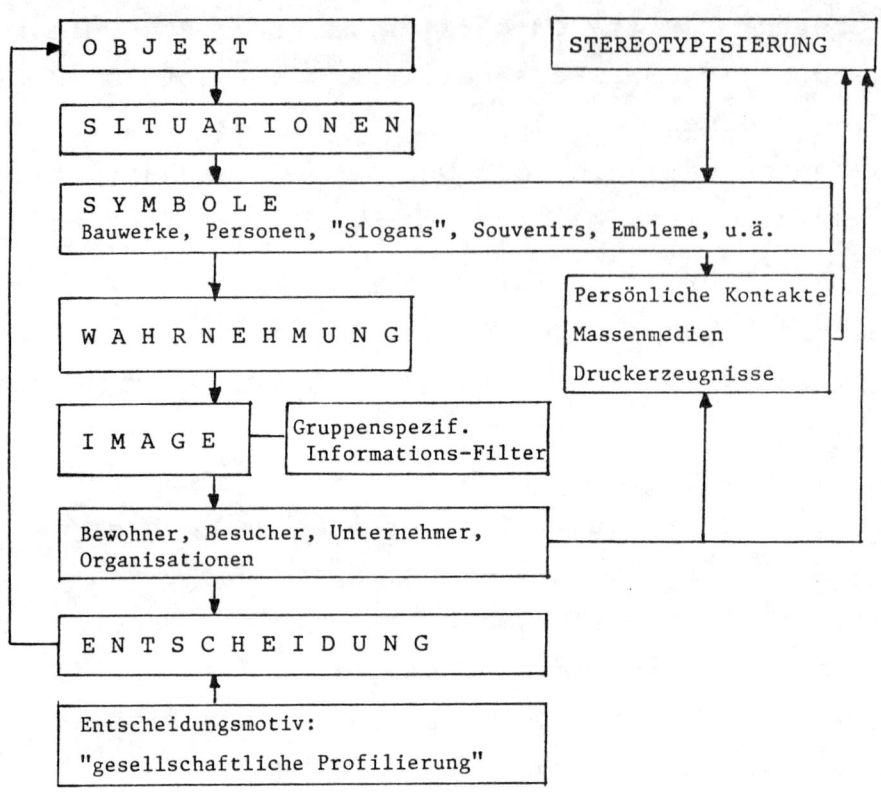

Abb. 1: Schema zur Entwicklung eines Images
Quelle: Ganser 1970, S. 107.

"Von der Realssituation eines Raumes (Objekt) - dies ist hauptsächlich eine Aggregation aller verorteten Grunddaseinsfunktionen wie Wohnen, Arbeiten, Bilden, Versorgen, Erholen - gehen Informationen aus. Quelle dieser Informationen sind in der Regel nur wenige, besonders hervorstechende und bereits über Kommunikationsprozesse bekanntgemachte Teilräume und Lokalitäten (Situationen), in denen die Wesenseigenschaften des betreffenden Raumes durch Symbole wie Bauwerke, Personen, Slogans, Embleme, Souvenirs etc. symbolisiert werden (Symbole). Die Wahrnehmung der mit den einzelnen Symbolen signalisierten Eigenschaften eines Raumes wird durch ein gruppenspezifisches Informationsfilter selektiert und verzerrt".[10]
Über persönliche Kontakte und die Massenmedien entsteht das Image eines Raumes bei den Bewohnern des betreffenden Raumes (Eigenimage), den Bewohnern des Umlandes (Nahbe-

reichsimage) und anderen Personen (Fernimage). Gleiches gilt für Unternehmen und Organisationen. Wie aus den Grunddaseinsfunktionen "Erholen" und "Bilden" zu ersehen ist, spielt der Kultursektor bei der Imagebildung eine wesentliche Rolle. Er ist eines der Elemente mit der größten, auch internationalen Reichweite.

Das Image wirkt sich in vielfältiger Weise auf die Wirtschaft eines Raumes aus. Es beeinflußt z.B. die Kaufkraftflüsse von Privatpersonen zum Einzelhandel, die Wohnortwahl, das Reiseziel, die Unternehmensallokation. Aufgrund dieser wirtschaftlichen Bedeutung sind viele Städte zu einer mehr oder weniger bewußten Imageplanung übergegangen. Bremen hat in dieser Hinsicht zu Beginn der 70er Jahre eine aufsehenerregende Vorreiterrolle gespielt.

Im folgenden sollen die vorliegenden empirischen Analysen verschiedener Sozial- und Marktforschungsinstitute zum Image Bremens bzw. zur "Beliebtheit" der Stadt im Vergleich zu anderen bundesdeutschen Städten mit mehr als 0,5 Millionen Einwohnern dargestellt werden. Auch wenn die verschiedenen Erhebungen und Befragungen nur bedingt miteinander verglichen werden können, so ergibt sich doch eine relativ übereinstimmende Einschätzung Bremens. Soweit möglich, soll der Imagekomponente "Kultur" besondere Beachtung geschenkt werden, insbesondere der Veränderung im Zeitablauf und den Unterschieden zwischen Eigen-, Nahbereichs- und Fernimage.

Repräsentative Befragungen zur Attraktivität bundesdeutscher Großstädte wurden in mehrjährigen Abständen vom EMNID-Institut für Markt- und Meinungsforschung durchgeführt. Einer Stichprobe von ca. 1.000 Befragten wurde jeweils die Frage vorgelegt, für welche von jeweils 11 (1964 und 1982) bzw. 22 (1984) genannten Städten man sich im Falle eines Umzugs entscheiden würde.

Stadt, in der man am liebsten leben möchte:

	1964	1982	1984*
		i.v.H.	
München	20	21	20
Stuttgart	11	10	10
Berlin (West)	10	6	3
Hamburg	10	10	8
Düsseldorf	8	6	4
Frankfurt a.M.	7	2	3
Hannover	5	4	5
Köln	5	5	4
Bremen	2	4	5
Dortmund	1	1	1
Essen	1	2	0
Keine der genannten Städte bzw. keine Angabe	20	29	37
	100	100	100

*(Die Befragung von 1984 ist mit den beiden vorangehenden nur bedingt vergleichbar, weil statt 11 nunmehr 22 Städte vorgegeben wurden. Deshalb ist auch der Anteil der Restgruppe größer.)

Insgesamt weist die Beliebtheitsskala in den beiden Jahrzehnten eine relativ hohe Stabilität auf: München, Stuttgart und Hamburg haben ihre Spitzenstellung behalten, nur Berlin und Frankfurt haben deutliche "Image-Einbußen" hinnehmen müssen. Bremen hat seine Attraktivität steigern können, 1964 zusammen mit den beiden Ruhrgebiets-Städten Dortmund und Essen noch deutlich am unteren Ende der Image-Skala, nahm die Hansestadt 1984 zusammen mit Hannover die Ränge 4 und 5 ein.

Auffällig ist immerhin, daß Bremen in der 1984 gleichzeitig durchgeführten Unternehmerbefragung (399 repräsentativ ausgewählte Unternehmen mit mehr als 500 Beschäftigten) eine weit schlechtere Position einnahm als bei der Bevölkerungsbefragung. In der Einschätzung der Unternehmer rangiert Bremen als potentieller Standort bei einer möglichen Betriebsverlegung knapp vor Essen und Dortmund nach wie vor am unteren Ende der Skala.

Dagegen ist beispielsweise der Anteil der Unternehmer, der Frankfurt als Standort wählen würden, dreimal so hoch wie der Anteil der Bevölkerung, die gerne dort wohnen würde.

Befragungen anderer Institute geben Auskunft darüber, von welchen Komponenten das Image bzw. die Attraktivität der verglichenen Städte bestimmt wird.

Die früheste verfügbare Untersuchung ist von der Gesellschaft für angewandte Sozialpsychologie (GETAS) im Auftrag des "Büro Bremen-Werbung" 1969/70 durchgeführt worden und diente damals der Planung der zukünftigen Werbe- und Informationspolitik Bremens. Sie beruht auf Interviews von 2.339 Befragten über 16 Jahre, die einen repräsentativen Querschnitt des Bundesgebietes, des Einzugsgebietes von Bremen/Bremerhaven und der Städte Bremen/Bremerhaven darstellen. Das Image Bremens und der Bremer war zu dieser Zeit von althergebrachten Vorstellungen geprägt. Es konnte durch die Begriffe "bürgerlich", "altmodisch", "verstaubt", "patrizisch", "traditionsgebunden", "konservativ", oder "introvertiert" umgrenzt werden. Die bürgerliche "Wohlanständigkeit" ließ sich mit musischen und künstlerischen, aber auch urbanen und weltoffenen Attributen schwer verbinden.

Sowohl im Fern- als auch im Eigenimage wurden den Bremern diese Attribute ganz oder überwiegend abgesprochen. Im Vergleich zu den Städten München, Stuttgart, Hamburg, Frankfurt, Hannover und sogar Essen belegte Bremen bei der Assoziation mit der Kurzbezeichnung "Kulturelles"[*] den letzten Rang. Das Image Hamburgs, das ansonsten eine gewisse Ähnlichkeit mit dem Bremens zeigte, wies bei der Zuordnung der künstlerischen Attribute die größte Abweichung auf. Das kulturelle Angebot in Bremen wurde auch von den Bremern in ihrem Eigenimage als wenig zufriedenstellend aufgefaßt. Sehr zufrieden waren nur gut 20 % der befragten Bremer Bürger, während der Durchschnitt für die anderen Städte mit mehr als 0,5 Mio. Einwohnern bei über 45 % lag.

---

[*] Aufgrund der in den Befragungen vorgegebenen Items konnte der Begriff "Kultur" nicht weiter differenziert werden.

Aufgrund der Ergebnisse dieses Gutachtens führte das Büro Bremen-Werbung 1970 eine aggressive Werbekampagne - vor allem in Zeitschriften - durch. Dem traditionsgebundenen Image wurden Attribute wie Modernität, Lebendigkeit oder Hafenatmosphäre entgegengesetzt. Die Kampagne verlief nach dem publizistischen Paukenschlag aufgrund interner Meinungsverschiedenheiten im Sande.

Während des darauffolgenden Jahrzehnts wurden keine kontinuierlichen Image-Analysen durchgeführt. Eine 1977 wiederum von der GETAS bearbeitete repräsentative Befragung hatte einen stärker quantitativen Charakter. Hier schälte sich ein wesentlich positiveres, dem Durchschnitt der 11 größten deutschen Städte entsprechendes Bild heraus. Prägnante Merkmale sind weiterhin Hafen und Handel. Die anderen Attribute, auch solche wie "lebendige Großstadt", "Kultur" oder "Freizeit", befinden sich in der Nähe des Großstadt-Durchschnitts. Das Merkmal "lebendige Großstadt" wird von 69 % der Bundesbürger als auf Bremen voll oder überwiegend zutreffend bezeichnet, "viele kulturelle Veranstaltungen" von 65 % und "viele Möglichkeiten der Freizeitgestaltung" von 63 %.

Der Vergleich des Images bei Personen, die Bremen mindestens einmal besucht haben, und bei denjenigen, die noch nie in Bremen waren, zeigt auf, daß Bremen-Besucher die Stadt attraktiver finden.

Das Attribut "Weltstadtatmosphäre" wird der Stadt von den Besuchern jedoch weniger zugebilligt. Attribute wirtschaftlicher Prosperität (Arbeitsplatzangebote, Aufstiegsmöglichkeiten) werden Bremen 1977 ebenfalls weniger zugeschrieben. Es zeichnet sich offensichtlich bereits das Bild der wirtschaftlichen Krisensituation ab.

Von November 1980 bis April 1981 führte Infas eine Befragung im Lande Bremen durch; interviewt wurde eine Zufallsauswahl von rund 2.400 Bremern und knapp 600 Bremerhavenern. Es wurde zunächst allgemein nach möglichen Anreizen zum Besuch einer Stadt gefragt. Die Spitzenposition nahm dabei das "Stadtbild" mit 73 % ein, das Attribut "kulturelles Angebot" lag mit 57 % nach "landschaftlicher Umgebung" und "angenehmer Menschenschlag" schon auf dem 4. Rang. Anschließend wurde ermittelt, inwieweit solche Attribute auch für Bremen gelten. Hier weist das "Kulturangebot" die größte Diskrepanz zu den vorher angegebenen für einen Stadtbesuch auf. Nur 39 % meinten, daß dieses Merkmal auf Bremen zutrifft, dagegen ist die Position der Stadtbildqualität identisch mit der o.g. generellen Einschätzung.

Über die tatsächlichen Gründe für einen Bremen-Besuch gibt eine bundesweite Repräsentativerhebung Auskunft, die vom Statistischen Amt der Stadt Köln zwischen Herbst 1980 und Frühjahr 1981 zur Besuchsfrequenz deutscher Großstädte mit mehr als 0,5 Mio. Einwohnern durchgeführt wurde. Bremen nimmt bezüglich der erhobenen Daten einen Mittelplatz ein. 71 % aller Auswärtigen verbanden eine Bremen-Reise nicht mit anderen Zielen, sondern Bremen war ihr einziges Besuchsziel - ebenfalls ein durchschnittlicher Wert.
Aus privatem Anlaß kamen 73 % aller Besucher nach Bremen. Davon wurden nur 3 % durch kulturelle Veranstaltungen zu einem Bremen-Besuch veranlaßt.

Unabhängig davon aber, ob Besucher aus beruflichen oder privaten Gründen nach Bremen kamen, war für 39 % ein Theater- oder Konzertbesuch und für 34 % ein Besuch von Museen eine Hauptaktivität (Mehrfachnennungen!) während ihres Aufenthaltes.

Zwei Drittel aller Besucher gaben die Besichtigung von sehenswürdigen Gebäuden und Stadtvierteln als weitere Hauptaktivität an. Damit steht Bremen an der Spitze der verglichenen Städte, d.h. Bremens Stadtbildqualität ist einer der wichtigsten Aktivposten für seine Attraktivität. Für die kulturellen Aktivitäten gilt: Kultur initiiert kaum Besuche, halten sich Auswärtige aber in Bremen auf, stellt der Besuch von kulturellen Veranstaltungen und Museen ein wesentliches "Beiprogramm" dar.

1983 wurde die GETAS mit einer neuerlichen bundesweiten Image-Erhebung für Bremen beauftragt. Die Ergebnisse bestätigten weitgehend die Resultate der GETAS-Befragung von 1977 wie die der Infas-Erhebung des Eigenimages von 1981. Bremen-Besucher, d.h. 11 % aller außerbremischen Befragten (206 Personen, die in den letzten zwei Jahren vor der Befragung mindestens einen Tag Bremen besucht haben), beurteilten als sehr gut oder gut: zu 91 % das Stadtbild, zu 79 % die Sehenswürdigkeiten, aber nur zu 49 % "Unterhaltung/Vergnügen" bzw. zu 46 % das kulturelle Angebot.

Bei allen Befragten (ca. 2000 Personen) hatte sich jedoch das kulturelle Image der Stadt zwischen 1977 und 1983 leicht verbessert: während 1977 65 % der Meinung waren, daß Statement "viele kulturelle Veranstaltungen" treffe auf Bremen voll und ganz bzw. überwiegend zu, so 1983 69 %. Die Altersgruppen zwischen 18 und 39 Jahren hatten 1983 eine etwas positivere Meinung über das Kultur- und Unterhaltungsangebot als die älteren. Dies ist eine neue Tendenz. Zu Beginn der 70er Jahre war das Kulturangebot im wesentlichen für die mittleren Altersgruppen interessant.

Die Erfragung der Gründe des Bremen-Besuches bestätigte weitgehend die Kölner Erhebung von 1980/81: 73 % aller Besucher kamen aus privaten Gründen, nur 2 %, um Theater, Oper oder Museen zu besuchen.

In verschiedenen Befragungen wurden auch die Wohnortpräferenzen erhoben: ein Vergleich der GETAS-Studie von 1969, der Kölner Analyse von 1980/81 und der Allensbach-Untersuchung von 1984 ergibt immerhin, daß Bremen als Wohnstandort attraktiver geworden ist. Dagegen hat im Durchschnitt die Wohnattraktivität der Großstädte sogar abgenommen (vgl. Tabelle).

Wohnwunsch Bremen

	GETAS (1969/70)		Statistisches Amt Köln (1980/81)		Allensbach/ Capital (1984)	
sehr gern	4 %	18 %	8 %	26 %	10 %	34 %
gern/recht gern	14 %		18 %		24 %	
weniger/nicht besonders gern	43 %	71 %	16 %	50 %	29 %	56 %
auf keinen Fall/ gar nicht gern	28 %		34 %		27 %	

Rest zu Hundert = indifferent

Bremen hat sein traditionelles Image im letzten Jahrzehnt ein Stück abbauen können. Die Stadt ist heute attraktiver als 1969. Das Kulturimage aber hat eine relativ geringe Änderung erfahren. Von ihm gehen kaum Impulse aus, obgleich Besuche von kulturellen Einrichtungen ein wesentliches Element während eines Bremen-Aufenthaltes darstellen.

Abgesehen von dem jüngeren Image als "ökonomischer Passivraum" stellt die Kultur heute den wesentlichsten Bereich unterdurchschnittlicher Images dar. Hier kann durch Förderungsmaßnahmen gezielt eine allgemeine Imageverbesserung erreicht werden. Vor allem muß der Kultur von politischer Seite stärkere Beachtung geschenkt werden. Ein Beispiel für den gezielten Aufbau eines Außenimages bietet gegenwärtig Frankfurt.[11]

In einer Delphi-Befragung der Zeitschrift "Capital" zum Image deutscher Großstädte wurden die einzelnen Komponenten durch einen "Bürgermeister"-Faktor gewichtet. In Bremen hat die Kultur aus politischer Sicht im Vergleich zu den anderen Komponenten und zu den anderen Städten offenbar den absolut geringsten Stellenwert.[12]

2.2 Kulturbesuche und öffentliche Kulturausgaben

In einer vergleichenden Darstellung zur kulturellen Attraktivität deutscher Städte haben Bodenstedt/Herber (1983) das "wahrgenommene" Angebot an Theaterveranstaltungen, die Zahl der Museumsbesuche und die Qualität der Sehenswürdigkeiten – nach der Klassifikation des "Michelin Deutschland 1983" – benutzt. Nach diesen relativ groben Indikatoren ergeben sich für Bremen bzw. die zum Vergleich herangezogenen Städte folgende Werte:

	Theaterbesuche je 100 E. (1980/81)	Rangstufe[1]	Museumsbesuche je 100 E. (1982)	Rangstufe[2]	Sehenswürdigkeiten Punkte	Rangstufe[3]	Gesamtbewertung/ Rangstufe[4]
München	162	2	348	2	14	2	2
Stuttgart	127	2	158	1	5	2	2
Berlin (West)	120	1	237	2	24	2	2
Hamburg	124	2	70	0	17	2	2
Düsseldorf	154	2	132	1	5	2	2
Frankfurt a.M.	93	1	142	1	9	2	2
Hannover	113	1	127	1	4	2	2
Köln	67	0	353	2	14	2	2
Bremen	79	0	106	0	12	2	1
Dortmund	56	0	25	0	3	1	0
Essen	31	0	31	0	4	2	1

1 Rangstufen: > 120 Bes./100 E. = sehr gutes Theaterangebot (2);
90-120 Bes./100 E. = durchschnittl. bis gutes Theaterangeobt (1)
< 90 Bes./100 E. = unterdurchschnittl. Theaterangebot (0)

2 Rangstufen: >160 Bes./100 E. = sehr gutes Museumsangebot (2)
118-160 Bes./100 E. = durchschnittl. bis gutes Museumsangebot (
< 118 Bes./100 E. = unterdurchschnittl. Museumsangebot (0)

3 4 u.m. Punkte: sehr interessante Stadt (2), 1-3 Punkte: durchschnittl. bis interessant (1), 0 Punkte = unterdurchschnittl. interessant (0).

4 Gesamtbewertung: Punkte der drei Indikatoren wurden addiert und folgende Kategorien gebildet:
4 - 6 Punkte = hohe Attraktivität (2)
2 u. 3 Punkte = mittlere Attraktivität (1)
0 u. 1 Punkt = geringe Attraktivität (0)

Quelle: Bodenstedt/Herber 1983, S. 724-726

Wenn auch dem angewandten Verfahren Vorbehalte entgegenzubringen sind, beachtenswert bleibt, daß sich Bremen wiederum in der Nähe der beiden Ruhrgebietsstädte Dortmund und Essen findet und daß die Stadtbildqualität einen wichtigen Attraktivitätsfaktor für auswärtige Besucher darstellt.

Sicherlich sind die Besucherzahlen jährlich erheblichen Schwankungen unterworfen, aber auch in der Spielzeit 1983/84 lag Bremen mit 45 Theaterbesuchern je 100 Einwohnern vor Essen auf dem vorletzten Platz unter den verglichenen Städten.

Die Entwicklung der Besucherzahlen der Theater der Freien Hansestadt Bremen - also ohne Niederdeutsches Theater - über einen längeren Zeitraum zeigt die folgende Tabelle:

Theater der Freien Hansestadt Bremen

Spielzeit	Besucherzahl (1000 Personen)
1953/54	452,8
1974/75	265,2
1975/76	290,9
1976/77	302,9
1978/79	280,2
1979/80	256,1
1980/81	230,5
1981/82	225,8
1982/83	225,5
1983/84	243,2

Quelle: Statistische Jahrbücher Deutscher Gemeinden, Deutscher Bühnenverein, Theaterstatistik.

Ganz offensichtlich hat generell das Interesse am Theaterbesuch langfristig abgenommen, doch scheint sich nach einem Tief in den Spielzeiten 1980 bis 83 wieder eine Zunahme der Besucherzahlen abzuzeichnen.

Auch die Besucherzahlen der bremischen Museen schwanken von Jahr zu Jahr erheblich, weil z.B. Sonderausstellungen, Witterungsverhältnisse und Ferienzeiten einen nicht zu unterschätzenden Einfluß auf das Besucherverhalten ausübten. Z.B. waren die hohen Besucherzahlen in der Kunsthalle im Jahre 1976 durch die Attraktivität der Paula Becker-Modersohn-Ausstellung bedingt. Mit einiger Vorsicht lassen sich aber der folgenden Tabelle langfristige Trends entnehmen:

Besucherzahlen in bremischen Museen
(1.000 Personen)

Jahr	Übersee-Museum	Kunsthalle	Focke-Museum
1954	251	54	54
1958	249	72	30
1963	207	33	23
1966	339	44	84
1969	387	32	64
1976	165	185	114
1977	- [1)	154	150
1978	- [1)	162	167
1979	159	156	190
1980	327	105	134
1981	232 (241) [3)	68 [2)	152
1982	223 (227) [3)	69 [2)	145
1983	204 (213) [3)	97	100
1984	189	108	142

1) Das Überseemuseum war vom 3.11.1976 bis 8.9.1979 geschlossen. 1976 war es bereits teilweise geschlossen.
2) Die Kunsthalle war vom 2.8.1981 bis 6.6.1982 geschlossen.
3) Die offiziellen Angaben liegen höher als die hauseigenen.

Quelle: Angabe der Museen, St.Jb. dt. Gemeinden, versch. Jahrgänge.

Gemessen an den Besucherzahlen hatte das Überseemuseum seine Blütezeit in der zweiten Hälfte der 60er Jahre. Nach der durchgreifenden Renovierung und Umgestaltung des Museums in den Jahren 1976 bis 1979 setzte 1980 zunächst erhöhtes Besucherinteresse ein; seither sind die Besucherzahlen jährlich gesunken und haben 1984 erstmalig seit Jahrzehnten die 200.000-Grenze unterschritten, abgesehen von der Schließungsperiode 1976 bis 1979.

Die Kunsthalle hatte in der zweiten Hälfte der 70er Jahre eine Hochphase, seither haben sich die Besucherzahlen um 100.000 stabilisiert. Im Vergleich zu anderen Kunstmuseen rangiert allerdings die Kunsthalle am unteren Ende der Beliebtheit, soweit die Besucherzahlen je 100 Einwohner als Kriterien herangezogen werden. Mit 20 Besuchern/100 Einwohnern lag die Kunsthalle deutlich unter den Werten anderer großstädtischer Kunstmuseen.[13]

Die Besucherzahlen des Focke-Museums schwanken seit ca. 10 Jahren zwischen 100.000 und 150.000, liegen aber mit Ausnahme des Jahres 1983 deutlich über der 100.000-Grenze.

Insbesondere das Übersee-Museum mit seinem günstigen Standort zwischen Bahnhof und Altstadt könnte vermutlich durch eine möglichst rasche Wiedereröffnung aller Abteilungen und durch die Wiedereinrichtung des Aquariums sein altes Attraktivitätspotential ausschöpfen. Das bremische Landesmuseum könnte ebenfalls durch zusätzliche innerstädtische Ausstellungsräume mehr Bremen-Besucher anziehen. Zudem könnten die auswärtigen Gäste mit der Geschichte und Kultur der Stadt vertraut gemacht werden und damit ihre Kenntnisse über Bremens wichtigsten Attraktivitätsfaktor, seine baulichen Zeugnisse und seine Stadtgestalt, vertiefen.

Die Kulturausgaben von Bremen mit denen anderer Städte mit über 0,5 Millionen Einwohnern zu vergleichen, ist nur bedingt möglich, da den Stadtstaaten zusätzliche Finanzierungsaufgaben insbesondere im Bereich Wissenschaft und Forschung obliegen und da andere Städte häufig Landesmittel für den Kulturbereich erhalten.

Doch allein im Vergleich mit Hamburg und Berlin fällt Bremen erheblich ab: in Berlin umfaßten 1983 die Kulturausgaben[14] 14,3 % des Gesamthaushaltes, in Hamburg 10,0 und in Bremen nur 3,1 %. Für alle Gemeinden mit über 0,5 Mio. Einwohnern betrug 1983 der Kulturanteil am gesamten Haushalt 5,5 %.

Um mögliche Verzerrungen zu vermeiden, werden im folgenden die Ausgaben für Theater und Museen auf die Einwohnerzahl bezogen.

Laufende öffentliche Ausgaben[+] für Theater je Einwohner
(in DM)

Jahr	Bremen	Stadtstaaten	Städte mit ≥ 0,5 Mio.E.[*]
1972	22,7	23,3	24,7
1975	30,4	40,4	42,6
1977	48,9	46,8	42,9
1979	64,6	58,4	48,4
1981	56,5	65,70	59,8
1983	58,5	71,6	74,6

[+] ohne Gegenrechnung von Eigeneinnahmen
[*] ohne Stadtstaaten

Berechnet nach den Statistischen Jahrbüchern deutscher Gemeinden.

Bremen hatte zunächst in der zweiten Hälfte der 70er Jahre eine rasche Ausweitung seines Theateretats vollzogen und lag 1979 erheblich über dem Mittelwert der Städte mit mehr als 0,5 Millionen Einwohnern wie der Stadtstaaten insgesamt. Von 1979 bis 1981 aber sind die laufenden Ausgaben für das Theater auch absolut gesunken (1979: 36 Mio. DM, 1981: 31,3 Mio. DM). Seither stagnieren die Theateraufwendungen (1983: 31,9 Mio. DM), so daß Bremen gegenwärtig erheblich unter dem Durchschnitt der Stadtstaaten wie der Städte mit mehr als 0,5 Mio. Einwohnern liegt.

Für Museen und Sammlungen gewährte Bremen z.B. sowohl 1975 wie 1983 höhere Zuschüsse pro Einwohner zu den laufenden Ausgaben als die verglichenen Städte: Bremen 15,80 DM/Einw. - Stadtstaaten 9,90 DM/Einw. - Städte mit mehr als 0,5 Mio. Einwohnern 11,60 DM/Einw. (1983). Allerdings weisen gerade die Museumsausgaben erhebliche Spannweiten von Stadt zu Stadt auf, zudem sind die Etats etlicher Museen in den anderen Haushalten enthalten oder Museen erhalten zusätzliche Landes- und Bundesmittel (z.B. Deutsches Museum, München).

Ein besonderes Problem scheint die personelle Unterbesetzung der Museen in Bremen zu sein, was sich u.a. darin äußert,

daß, wie z.B. im Übersee-Museum, neue Abteilungen nur sehr
verzögert eröffnet werden können oder Sonderausstellungen
nur mit Hilfe von Freiwilligen oder Praktikanten durchgeführt
werden können (Focke-Museum).

Erwerbungen von Exponaten sind gegenwärtig offenbar nur durch
Schenkungen oder Spenden möglich.

Gegenüber den Flächenstaaten unter den Bundesländern sind die
Stadtstaaten bezüglich ihrer Kulturausgaben erheblich benachteiligt. Sie nehmen wie die Metropolen der Flächenstaaten
oberzentrale und regionale Funktionen wahr, ohne wie diese
für Kulturaufgaben Landesmittel zu erhalten. In den Großstädten der Flächenstaaten übersteigen die kombinierten Kulturaufwendungen von Land und Gemeinden die der Stadtstaaten
erheblich - wie H.-J. Fläschner von der Hamburger Kulturbehörde nachweisen konnte. Sein Fazit: "Die Stadtstaaten Bremen
und Hamburg müßten ihre Aufwendungen für Kultur erhöhen, um
einerseits verlorenes Terrain im Vergleich zu den übrigen
Großstädten wiederzugewinnen und andererseits ihrer Versorgungsfunktion für das Umland (Aufgabenbereiche Theater, Orchester, Museen ...) gerecht zu werden " (1985, S. 9).

3. Kultur als Standortfaktor

Stellvertretend für den gesamten Kultursektor können Orchester
und Theater betrachtet werden. Dazu bemerkt Wahl-Zieger (1978):
"Der von Orchestern und Theatern möglicherweise verursachte
Attraktionseffekt schafft offenbar für andere Produzenten
Standortbedingungen, die sich sowohl auf die Inputseite (günstigere Verfügbarkeit qualifizierter Arbeitskräfte) als auch
auf die Absatzseite (bessere Absatzchancen durch zugereiste
Fremde bzw. Touristen) auswirken können".[15]
Auch Baumol/Bowen (1966) betonen die Bedeutung kultureller
Faktoren bei der Standortwahl. Sie nennen ein Großprojekt
der Atomenergiekommission, bei dem die Auswahl unter 117 Orten
von den kulturellen und Ausbildungsangeboten bestimmt wurde.
Die New York Times bemerkt zu diesem Vorgang: "Many local
readers over the country are now becoming aware that ... a
thriving symphony orchestra and a lively theater no longer
can be ranked as frills. They are essentials for a community's

expansion in an age when science and scientists play an unrecedentedly important role".[16]

Ganser (1970) faßt in dem erwähnten Aufsatz "Image als entwicklungsbestimmendes Steuerungselement" die Bedeutung des Wohnimages einer Stadt für die Wohnstandortorientierung qualifizierter Arbeitskräfte in mehreren Thesen zusammen:

1. "Die klassischen Standortfaktoren verlieren an Bedeutung"! Der Kostenanteil der Rohstoffe sinkt durch die Verbilligung der Transporte. Der Faktor Energie verliert durch die Verbundnetze an Bedeutung. Durch den Ausbau der Verkehrsnetze erhält die Verkehrslage ubiquitären Charakter. Der Standard des tertiären Sektors gleicht sich zunehmend an. Der Anteil der im klassischen Sinne standortabhängigen Arbeitsplätze beträgt nur noch etwa 10 %. Das Wachstum der Arbeitsplätze findet vor allem bei standortunabhängigen Industrien und bei den Dienstleistungen statt.

2. "Das regionale Wirtschaftswachstum gerät in starke Abhängigkeit vom Wachstum des Dienstleistungsbereiches!" Dienstleistungen entwickeln sich von einem Folgebereich industrieller Grundinvestitionen zu einem eigenen Grundbereich mit überregionaler Wirkung.

3. "Qualifizierte Arbeitskräfte suchen ihren Arbeitsplatz nach der Attraktivität ihres Wohnortes aus!"

In einer Befragung von 100 Neubürgern Münchens stellt er fest, daß 50 von ihnen gleichwertige Arbeitsplatzangebote in anderen Städten hatten. Sie entschieden sich für den attraktiveren Wohnort. Manager nehmen in München sogar einen Einkommensverlust hin, weil die Stadt als Wohnort so attraktiv ist.[17]

Für Toronto konstatierte Hendry (1985, S. 37), die neuen Informations- und Kommunikationsindustrien bedürften Arbeitskräfte, deren Ausbildungsniveau signifikant höher sei als das der Beschäftigten in der Massenproduktion. Für solche Mitarbeiter sei das Kunst- und Kulturangebot entscheidend, denn "the 'High Touch' of the arts ... complements the 'High Tech' of the work".

In den hochentwickelten Technikbranchen kommt es im wesentlichen auf die Qualifikation der Arbeitskräfte an. Diese Arbeitnehmer stellen auch in heutigen Krisenzeiten noch einen Engpaßfaktor dar. Sie sind oft in der Lage, zwischen mehreren Arbeitsplatzangeboten zu wählen. Die Ergebnisse empirischer Untersuchungen zeigen, daß die Wahl des Arbeitsplatzes bei dieser Sozialgruppe wesentlich von der Attraktivität des Wohnortes bestimmt wird. Die Wohnortpräferenzen der qualifizierten Arbeitskräfte stellen also einen in Zukunft weiter an Bedeutung gewinnenden Faktor für die Unternehmensallokation dar. Gleiches läßt sich für die Eigentümer kleinerer Betriebe feststellen.

Kultur ist ein wesentlicher Bestimmungsfaktor des Wohnwertes, und zwar Kultur in jeder Hinsicht: das bauliche Erscheinungsbild einer Stadt, die klassischen Kulturinstitute und die dezentralisierte Stadtteilkultur.

Es bleibt zu fragen, inwieweit kulturelle Aspekte bei unternehmerischen Standortentscheidungen Bedeutung haben. Hierzu liegen viele empirische Untersuchungen vor. Sie bestehen meist aus einer postalischen Fragebogenerhebung mit regional und sektoral repräsentativem Charakter. Fürst (1971) untersucht 29 europäische und amerikanische Veröffentlichungen aus diesem Forschungsbereich, wovon sich 16 auch mit dem Faktor "Wohn- und Freizeitwert" befassen. Er stellt fest, daß die Bedeutung dieses Faktors in verschiedenen Branchen sehr stark differiert, wobei es wesentlich auf die Qualifikation der Arbeitskräfte ankommt. Je höher diese ist, umso größer ist die Bedeutung des Faktors. In einer eigenen Erhebung stellt Fürst (1973) jedoch fest, daß "Wohn-, Bildungs- und Freizeitwerte im unternehmerischen Standortkalkül nur nachrangige Bedeutung haben".[18]

Der Faktor hat bei Neugründungen und Betriebsverlagerungen eine größere Bedeutung als bei Zweigstellengründungen. Größere Betriebe messen ihm mehr Gewicht bei als kleinere. Der "Trend nach Süden" sei von dem im Süden tendenziell höheren Wohn- und Freizeitwert mitbestimmt. Der Faktor könne in der Zukunft zu einem Basisfaktor für Standortentscheidungen werden, zu einer conditio sine qua non.

Zimmermann (1975) bestätigt die Aussagen von Ganser und Fürst. Die Ubiquität der klassischen Standortfaktoren untermauert er durch eine Befragung von 70 deutschen Städten, in der er eine weitgehende Übereinstimmung der Standortqualität feststellt.

Eine Befragung von Industrieunternehmen durch Brede ergibt, daß der Faktor "persönliche Präferenzen", der ausdrücklich auch das Kulturangebot enthält, für die Standortwahl bei 13,5 % 'wichtig' ist und bei etwa einem Drittel 'Einfluß' hat. Bei der elektrotechnischen und feinmechanischen Industrie ist die Bedeutung relativ zu anderen Branchen weitaus am größten.

Die vorgestellten Untersuchungen beziehen sich auf industrielle Standortentscheidungen. Im Dienstleistungssektor wird die Bedeutung von Kulturangeboten größer sein. Alle Arbeiten betonen die in Zukunft zunehmende Bedeutung des Faktors Kultur. Durch die Wirtschaftskrise hat sich die Gewichtung nicht wesentlich geändert. Der größte Teil der Arbeitslosen sind niedrig qualifizierte Arbeiter. Hochqualifizierte Arbeitskräfte sind weiterhin umworben und damit standortbestimmend. Besonders für die Anwerbung von High-Tech-Industrien hat der Kultur- und Freizeitwert einer Stadt Bedeutung.

In Hamburg haben die senatorischen Behörden die Bedeutung der Kultur für die Wirtschaft erkannt. In dem internen Strategie-Papier "Maßnahmen zur Verbesserung der allgemeinen wirtschaftlichen Standortbedingungen Hamburgs" (1984) wird der Kultur breiter Raum gewährt. Hier einige Thesen: "Kulturelles Leben hat erhebliche Bedeutung für die Entwicklung einer Stadt", "kulturelle Angebote und Freizeitmöglichkeiten sind von entscheidender Bedeutung für die Wohnortwahl", Kultur ist "besonders wichtig für die Sicherung der Umlandkaufkraft", "kulturelles Leben ist eines der sichersten Mittel, um die Bewohner in Hamburg zu halten bzw. die ins Umland abgewanderten zurückzugewinnen", "für das spezifische Klima einer Kulturmetropole ist die Anwesenheit aller Kultursparten wichtig", "kulturells Renomée ist für die internationalen Wirtschaftsbeziehungen wichtig", "die Demonstration von Kreativität gehört zu den wichtigen Stimulantien für die zu gewinnenden Gründer- und Führungskräfte von neuen Unternehmen".[19]

Man kann Bremen zwar nicht zu den nationalen Kulturmetropolen zählen, gleichwohl gelten verschiedene Aspekte der Hamburger Studie auch für die Hansestadt. Die Sicherung der Umlandkaufkraft ist von besonderer Wichtigkeit. In Konkurrenz zu Hamburg, Oldenburg und einigen kleineren Zentren hat Bremen als Einkaufsstadt in den letzten Jahren an Bedeutung verloren. Es ist denkbar, hier durch ein differenziertes, alle Sparten umfassendes Kulturangebot Anreize zu schaffen. Gleiches gilt für die Ansiedlung von Zukunftsindustrien. Vor allem in Anbetracht der Konkurrenz von Hamburg wird sich eine Einschränkung der kulturellen Anstrengungen negativ auf die bremische Wirtschaftsentwicklung auswirken.

4. Kulturangebote als zentrale Funktion

In der Hierarchie der zentralen Orte wird Bremen als Oberzentrum eingestuft. Oberzentren sind Zentren, die über den Grund- und gehobenen Bedarf hinaus die Deckung des höheren episodischen bzw. spezifischen Bedarfs für ein weiteres Umland gewährleisten.[20] Charakteristische Einrichtungen sind: Hochschulen, Sportstadien, Spezialkliniken, Theater, Museen, spezialisierte Geschäfte, höhere Verwaltungsdienststellen, größere Bankinstitute. Diese Attribute treffen schon auf Städte mit wesentlich geringerer Bevölkerungszahl als Bremen zu, wie z.B. Münster oder Oldenburg. Obwohl Bremen mit der Einwohnerzahl von rd. 550.000 unter den bundesdeutschen Großstädten an 11. Stelle liegt, war es nach dem Krieg nicht in der Lage, Funktionen der ehemaligen Hauptstadt an sich zu ziehen. Bremen wird daher aufgrund seiner relativen Schwäche in den überregional bedeutsamen Funktionen nicht zu den größeren Regionalzentren mit Teilfunktionen einer Hauptstadt gezählt, wie etwa Hamburg oder Hannover, sondern wird mit den kleineren Regionalzentren, z.B. Münster oder Nürnberg, auf eine Stufe gestellt.[21]

Die Ursachen der strukturellen Schwäche des Oberzentrums Bremen lassen sich u.a. wie folgt umreißen:[22]

- Im nationalen Städtesystem nimmt die Hansestadt eine randliche Lage ein. Unter allen Verdichtungsräumen ist die Stadtregion Bremen der kleinste. Bremen ist der einzige Verdichtungsraum, der nahezu 'inselhaft' in einer weitgehend ländlich geprägten und relativ strukturschwachen Großregion liegt.

- Für die durch Verwaltungsgrenzen geregelten zentralörtlichen Funktionen (z.B. Gebietskörperschaften, Rechtsanwälte) macht sich die begrenzte Größe des Stadtstaates innerhalb des Flächenstaates Niedersachsen hemmend bemerkbar.

- Dienstleistungsbereiche, die als standortbildende Agglomerationsvorteile gelten, wie z.B. Wirtschaftsberatungen, Banken usw., sind in Bremen nur unterdurchschnittlich vertreten.

- Das Einzelhandelsangebot der Bremer City findet erhebliche Konkurrenz in den zahlreichen Verbraucher-, Waren- und Möbelmärkten außerhalb des Landes.

Nach Aussage des Gutachens der GEWOS (1980) wird "die im Bremer Umland vorhandene Kaufkraft vom Bremer Einzelhandel gegenüber vergleichbaren Großstädten nur unzureichend ausgeschöpft".[23] Der BAW bezifferte in einer Modellrechnung das "Umsatzdefizit" des Einzelhandels aufgrund der relativ niedrigen Zentralität Bremens im Vergleich zu Städten ähnlicher Größenordnung auf rd. eine halbe Milliarde DM zu Ende der 70er Jahre.[24]

Der Aspekt Kultur ist ebenfalls ein Bestimmungsfaktor der Zentralität eines Ortes (Christaller 1933, S.139). Der Rang oder die Zentralitätsstufe einer Funktion wird wesentlich bestimmt von der Fristigkeit der Inanspruchnahme und der sog. "oberen Reichweite". Beide Werte können durch empirische Untersuchungen gewonnen werden, was für ausgewählte Kulturinstitute auf dem Befragungsweg geschehen ist (vgl. im einzelnen Kap. 6).

Ein Zweig der neueren Zentralitätsforschung trennt die einzelnen Funktionen eines Zentrums in "basic" und "non basic" Funktionen. Diese auf der Exportbasistheorie aufbauende Unterteilung geht von der Erkenntnis aus, daß die wichtigste Determinante für das Wirtschaftswachstum einer Region die Güter- und Dienstleistungsnachfrage aus anderen Regionen ist. Die wirtschaftlichen Aktivitäten der Stadt werden unterschieden in solche, die die wirtschaftliche Basis bilden, und in alle anderen, die allein aufgrund der ersteren möglich werden. "Als 'basic' werden dabei nur die wirtschaftlichen Leistungen bezeichnet, die nicht für den Stadtbewohner selbst, sondern für den 'Export' erbracht werden, da nur letztere Kapitalströme in die Stadt lenken und somit non basic-Aktivitäten erst ermöglichen".[25]

Kulturfunktionen sind insoweit als 'basic' zu bezeichnen, als sie Besucher auch von außerhalb des städtischen Umlandes anziehen. Die Bremer Kulturinstitute werden - wie die Befragungsergebnisse zeigen - dieser Anforderung teilweise gerecht. Da sich ein Zentrumsbesuch in der Regel nicht nur auf eine Funktion bezieht, führt die größere obere Reichweite der Kulturinstitute zu einer Erweiterung des Einzugsbereichs auch der anderen Funktionen, etwa von Einkauf oder Dienstleistungen. Die überregionale Bedeutung der Bremer Kulturszene erfüllt in gewissem Umfang eine "pull"-Funktion für andere Wirtschaftsbereiche.

Insbesondere die Museen haben einen überregionalen Einzugsbereich, jedenfalls in der Sommerperiode: 71 % der befragten Besucher kamen von außerhalb - davon mehr als die Hälfte aus Gebieten der 'übrigen' Bundesrepublik, d.h. Regionen, die nicht mehr zum Umland[26] der Stadt Bremen zählen (Abb. 2a und 2b).

Der Anteil der Auswärtigen unter den Besuchern der bremischen Theater ist zwar mit 38 % geringer, dafür haben die Theater eine sehr stabile Umlandfunktion und binden einen relativ weiten Bereich an die Stadt, der etwa durch die Orte Bremerhaven, Zeven, Rothenburg, Verden, Wildeshausen und Oldenburg abzugrenzen ist. Schwerpunkte des Besucheraufkommens innerhalb des Umlandes sind die benachbarten Orte Delmenhorst (12 % aller Umlandbesucher), Stuhr (10 %), Lilienthal (10 %), Achim (8 %), Schwanewede (6 %) und Oyten (5 %) (Abb. 1).

Abb. 1

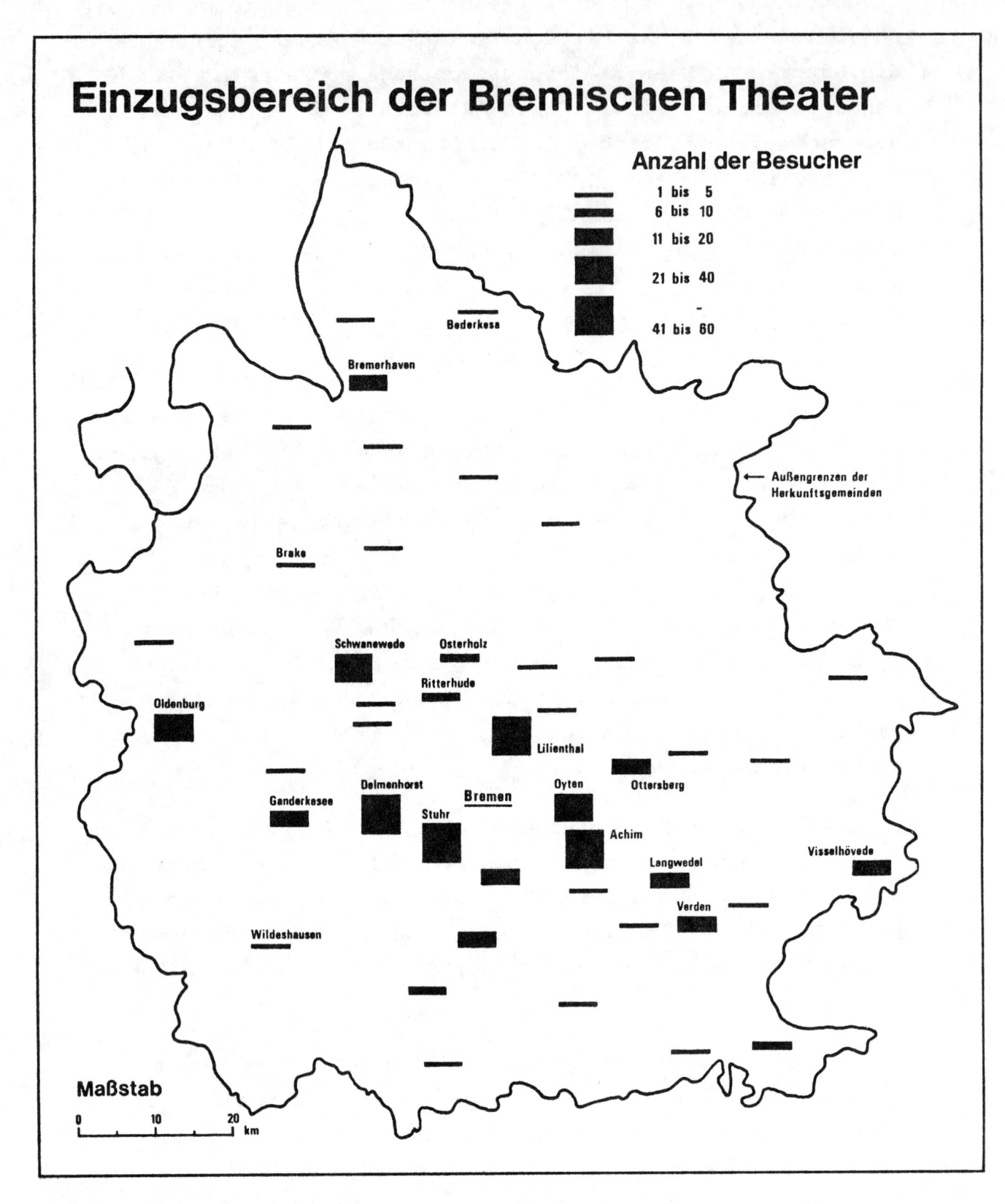

Einzugsbereich der Bremischen Theater

Anzahl der Besucher
- 1 bis 5
- 6 bis 10
- 11 bis 20
- 21 bis 40
- 41 bis 60

← Außengrenzen der Herkunftsgemeinden

Orte: Bederkesa, Bremerhaven, Brake, Schwanewede, Osterholz, Ritterhude, Oldenburg, Lilienthal, Ganderkesee, Delmenhorst, Bremen, Stuhr, Oyten, Ottersberg, Achim, Langwedel, Visselhövede, Verden, Wildeshausen

Maßstab: 0 10 20 km

Grundlage: Befragungen im Juni 1985, insges. 2.327 Befragte

Abb. 2 a

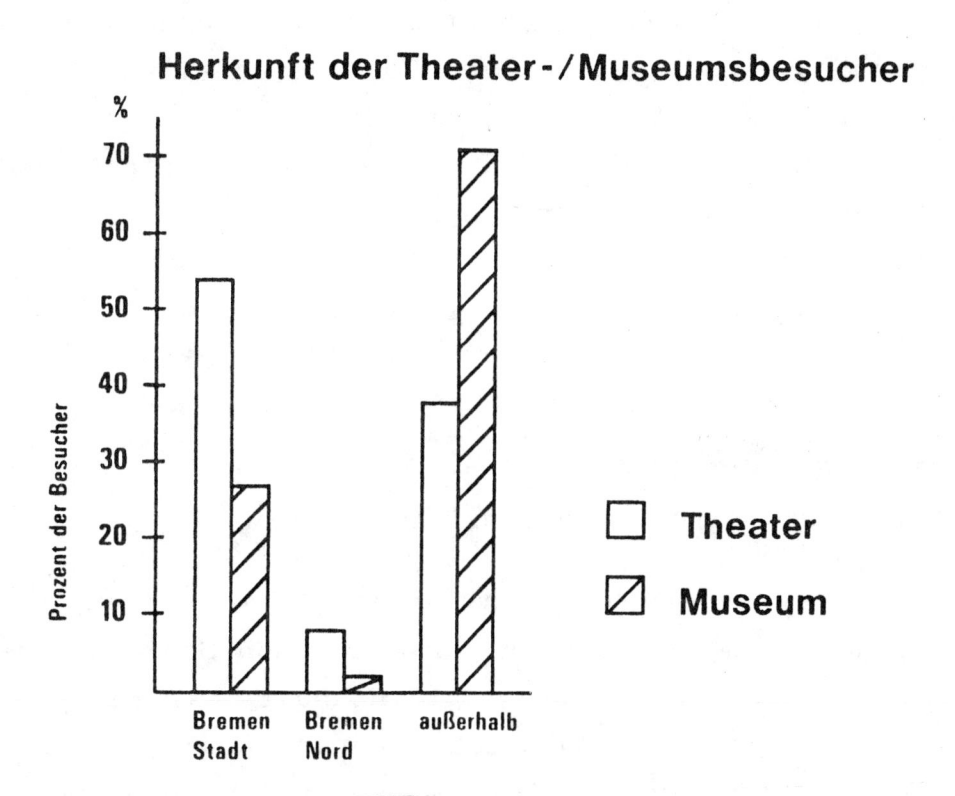

Herkunft der Theater-/Museumsbesucher

(Balkendiagramm: Prozent der Besucher nach Bremen Stadt, Bremen Nord, außerhalb; Theater und Museum)

Abb. 2 b

Regionale Verteilung der auswärtigen Theater-/Museumsbesucher

(Balkendiagramm: Prozent der Besucher nach Umland, übrige BRD, Ausland; Theater und Museum)

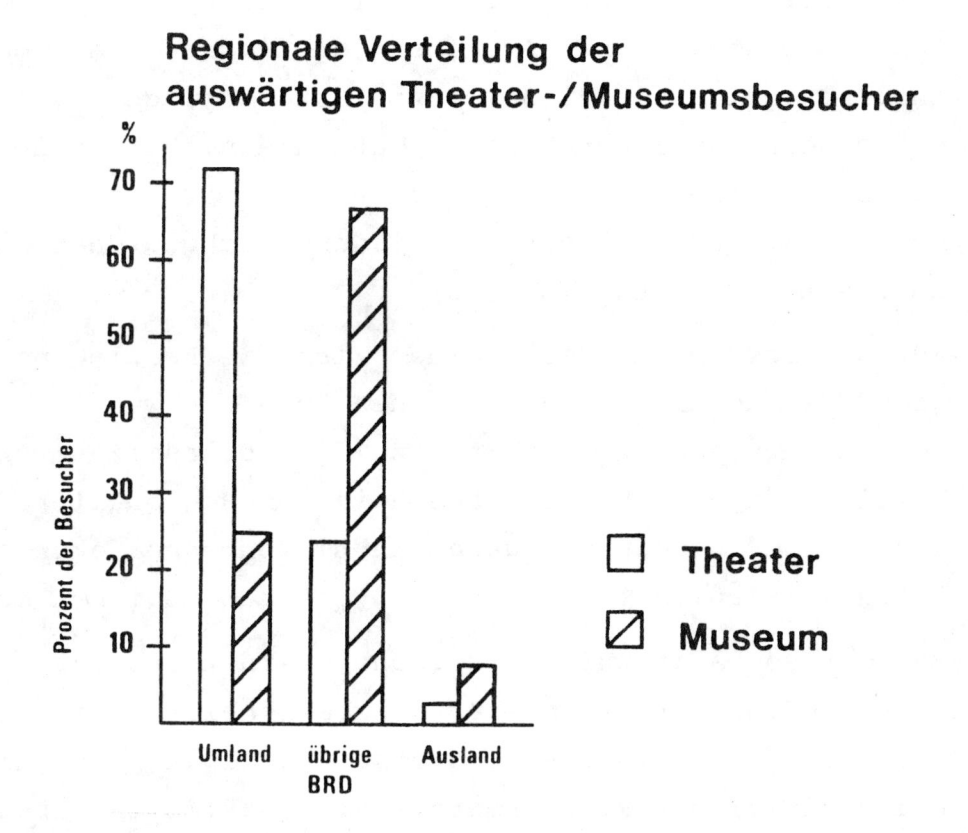

Quelle: Befragung von 2.327 Theater- und 746 Museumsbesuchern im Juni/Juli 1985

Ein anderer Zweig der Zentralitätsforschung betont die Bedeutung eines ausgewogenen Konglomerates von Funktionen einer Stadt, das diese erst zum Zentrum erhebt. Eine monofunktionale Stadt wird für die Bewohner eines weiteren Umlandes kaum attraktiv sein. Selbst wenn nur diese eine Funktion genutzt werden soll, ist das Vorhandensein auch anderer Angebotsbereiche erwünscht. Hier wirken sich psychologische Elemente aus, z.B. das kulturelle Flair einer Stadt.

5. Inzidenzanalyse

5.1 Zur Methodik der Inzidenanalysen

Zur Messung von sozialen Verteilungswirkungen, d.h. Verteilungswirkungen zwischen verschiedenen Sozialgruppen, wurde in den 50er Jahren die Inzidenzanalyse entwickelt. Sie stammt aus der Steuerwirkungslehre und ist später auf die Inzidenz der staatlichen Ausgaben ausgeweitet worden. Der Begriff Inzidenz bezeichnete zunächst die resultierende Last-Verteilung nach abgeschlossener Überwälzung der Steuern in einem mittelfristigen Prozeß. Ebenso läßt sich eine solche Resultante der staatlichen Ausgaben definieren, die sogenannte Ausgabeninzidenz. Bei dem Inzidenzkonzept geht man davon aus, daß eine staatliche (Finanz-)Maßnahme nicht nur den betrifft, der dieser Maßnahme direkt teilhaftig wird, sondern über mehrere Wirkungsrunden verschiedene nachgeordnete Bereiche indirekt beeinflußt (Abb. 3).

Für die Bestimmung der Inzidenz ist die Festlegung einer Region erforderlich. In den frühen Ansätzen war dies meist der Gesamtstaat. In Erweiterung dieses Ansatzes wurde die Inzidenzanalyse auch zunehmend in der Regionalforschung angewandt. Hier werden die gesamten Einkommenseffekte einer kleineren Region in Relation zu anderen Regionen betrachtet.

Bei der sozialen und der regionalen Inzidenz lassen sich verschiedene Verfahrensstufen unterscheiden. Die erste Stufe ist die formale Inzidenz. Hierbei werden in buchhalterischer Weise die direkten Adressaten der staatlichen Maßnahme bestimmt. Das Verfahren läßt sich quantitativ relativ genau

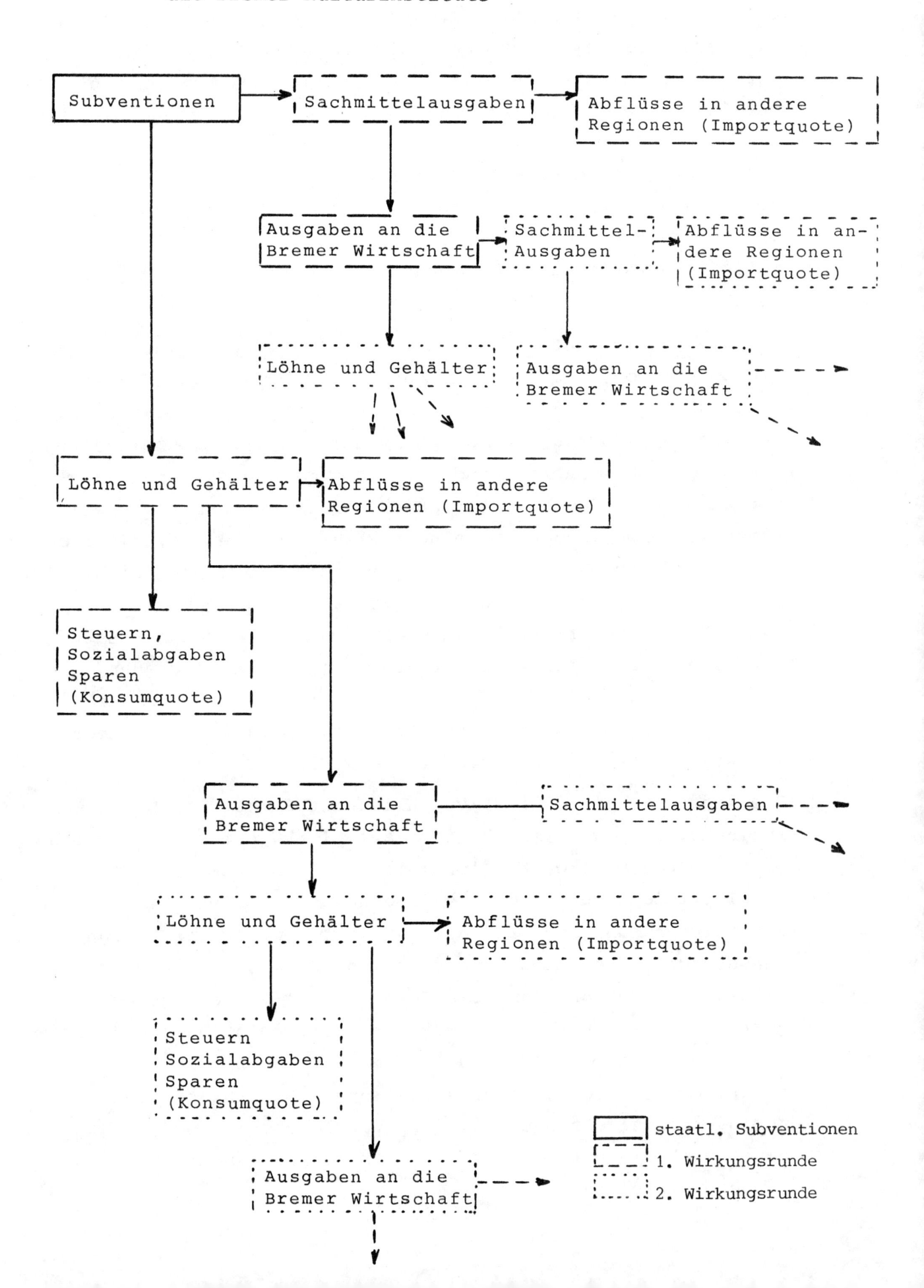

Abb. 3: Schema der regionalen Inzidenz der Subventionen für die Bremer Kulturinstitute

durchführen und zeigt im Ergebnis den direkten Einkommenseffekt bei Privatpersonen und Betrieben auf. Darauf aufbauend kann die effektive Inzidenz bestimmt werden. Sie erfaßt die resultierenden Einkommen nach mehreren Wirkungs- oder Wiederverausgabungsrunden. Die effektive Inzidenz überschreitet in der Regel wertmäßig die staatlichen Ausgaben. Sie stellt einen - kaum exakt zu erfassenden - Grenzwert dar, dem sich die Ausgaben/Einnahmen nach vielen Wirkungsrunden asymptotisch nähern. Zur Abschätzung dieses Grenzwertes sind Multiplikatoren errechnet worden, die das Größenverhältnis der effektiven Inzidenz zur ursprünglichen staatlichen Maßnahme angeben.

Für den Multiplikator und damit die effektive Inzidenz sind die Konsumquote und die Importquote der Region von großer Bedeutung. Sie sind für größere Regionen errechnet worden, lassen sich aber nur unter Vorbehalt auf kleinere Raumeinheiten übertragen. Die Quoten sind je nach Wirtschafts- und Sozialstruktur einer Region unterschiedlich. Die Konsumquote weist meist nur Abweichungen um einige Prozentpunkte auf, die sich jedoch auf den Multiplikatoreffekt stark auswirken. Die Importquote zeigt größere Unterschiede. Sie wird durch Input-Output-Tabellen ermittelt und hängt von der Wirtschaftsstruktur einer Region ab. In einer Region mit ausgeglichener, differenzierter Wirtschaftsstruktur wird ein größerer Teil des in der formalen Inzidenz geschaffenen Einkommens wiederverausgabt als in einer strukturschwachen Region.

Die letzte, rein qualitative Inzidenzstufe ist die Nutzen-Inzidenz. Hier wird mit Hilfe plausibler Hypothesen, unter Beachtung auch möglichst aller immateriellen externen Effekte, der letztliche Nutzen der Sozialgruppen oder Regionen aus der staatlichen Maßnahme geschätzt. Die Ergebnisse der Verfahrensstufen müssen nicht gleichgerichtet sein, sie können sich auch widersprechen. Die Sozialgruppe mit den größten Vorteilen aus der formalen oder effektiven Inzidenz muß nicht die sein mit dem größten Nutzen. Die Standortregion einer staatlich geförderten oder staatlichen Einrichtung kann eine geringere Inzidenz haben als die Vergleichsregionen (z.B. eine durch einen touristisch unattraktiven ländlichen Raum führende Autobahn).

Aus den Einkommenseffekten einer Region lassen sich Beschäftigungseffekte ableiten. Diese sind jedoch schon auf der Stufe der formalen Inzidenz nur abschätzbar und weisen eine größere regionale Differenziertheit auf. Sie sind wesentlich träger als die Einkommenseffekte und differieren stark im Ablauf des Konjunkturzyklus, da der Auslastungsgrad der Betriebe ein wesentlicher Faktor ist. Die auf den einzelnen Betrieb zusätzlich entfallenden staatlichen Ausgaben müssen den erwarteten Umsatz pro zusätzlichem Beschäftigten erheblich übersteigen.

Bei öffentlichen Investitionen läßt sich eine Phase der Leistungserstellung von der Phase der Leistungsabgabe unterscheiden. Einkommenseffekte entstehen während beider Phasen, regionale Beschäftigungseffekte jedoch im wesentlichen aus der Leistungsabgabe, da hier die Kontinuität der Ausgabenströme wichtig ist.

5.2 Inzidenzanalysen des Kultursektors

Auf dem Kultursektor sind Inzidenzanalysen bisher im wesentlichen für Theater gemacht worden. Die Untersuchungen sind alle neueren Datums. Schwerpunkte der Forschung haben sich in der Schweiz und in Österreich entwickelt. Das Schweizer Subventionssystem beinhaltet Zuwendungen der Umland-Gemeinden und -Kantone an die Standortgemeinden eines Kulturinstitutes, die in der Regel periodisch neu ausgehandelt werden. Hierzu werden Forschungen zur Inzidenz der Einrichtung in den verschiedenen Regionen in Auftrag gegeben.

Die Untersuchungen beschäftigen sich sowohl mit den sozialen als auch mit den regionalen Verteilungswirkungen der Ausgaben des Theaters bzw. für das Theater. Die Arbeiten zur sozialen Inzidenz hat Hohenemser (1984) zusammengeführt. Er stellt vier Analysen vor, die sich in ihrer Methodik unterscheiden. Sie kommen zu sehr unterschiedlichen Ergebnissen (s. Abb. 4).

Die These, daß Subventionen für Kultur, besonders für Theater und Oper, eine Umverteilung zugunsten der oberen Einkommensschichten bewirken, wird nur von einer Untersuchung partiell bestätigt. Die Begünstigung der unteren Einkommensschichten wird in keiner dieser Untersuchungen festgestellt. Frey u.a. (1976) bezeichnet den Mittelstand als bevorzugte Gruppe.

Autor	Verteilungsergebnis			begünstigte Einkommensklasse / sozioök. Gruppe
	untere Einkommen	mittlere Einkommen	obere Einkommen	
R.L. Frey u.a.	-	+	-	Klasse mit steuerbarem Einkommen 25-50.000 Fr.
C.-A. Andreae	neutral			/
W. Asam	-		-	mit steigendem Einkommen, qualifiz. Schulabschluß u. ansteigender berufl. Stellung
H. Baum	+/-	-	+	Haushaltstyp I:4-Personen-Haushalte von Angestellten und Beamten mit höherem Einkommen

Abb. 4: Verteilungsergebnisse im Überblick.

Quelle: Hohenemser, S. 40.

Abele/Bauer (1984) kommen in ihrer Wiener Befragung zu dem Ergebnis, daß die Besucher der Theater vor allem aus sozialen Schichten stammen, die im Vergleich zur Gesamtbevölkerung eine höhere Schulbildung abgeschlossen (haben) und über ein höheres Einkommen verfügen" (S. 212).

Wesentlicher Bestimmungsfaktor der sozialen Inzidenz ist die regional unterschiedliche Zusammensetzung des Theaterpublikums.

In Anbetracht der gegensätzlichen Ergebnisse der vorgestellten Untersuchungen sind derartige Aussagen allerdings nicht ausreichend abgesichert.

Nach einer Darstellung des Zentrums für Kulturforschung (s. Abb. 5) weicht die Sozialstruktur der Musik- und Theaterbesucher in Bremen nicht wesentlich von der der Gesamtbevölkerung ab. Eine 1981/82 vom Statistischen Landesamt durchgeführte Zusatzerhebung zum 1 %-Mikrozensus legt eher eine Umverteilung zugunsten einer breiten Mittelschicht nahe, wie folgende Tabelle ausweist:

Von 100 Personen folgender Gruppen besuchten 1981/82 die Theater:

Personen insgesamt	29,2
Arbeiter	11,6
Angestellte	35,2
Beamte	44,8
Selbständige	30,5
Schüler/Studenten	49,3
ohne Einkommen	37,6
mit Netto-Einkommen unter DM 600,--	25,9
600 bis u. 1200 DM	22,8
1200 bis u. 1800 DM	20,5
1800 bis u. 2500 DM	25,9
2500 DM u. mehr	44,1
Hauptschulabschluß	17,5
Realschulabschluß	36,8
Abitur/Hochschulreife/ Hochschulabschluß	47,8

Quelle: Statistisches Landesamt, Stadtforschung H. 6/1982, Tab. 1

Subventionen kommen vornehmlich Schülern und Studenten sowie Angestellten und Beamten mittlerer und höherer Einkommen zugute.

Bei den Überlegungen zur sozialen Verteilungswirkung von Theatersubventionen ist die Besuchshäufigkeit von Theatergängern von Belang, weil davon der Kreis derer abhängt, die in den Genuß der Umverteilung kommen.

Legt man den arithmetischen Mittelwert zugrunde, so lag die Besuchshäufigkeit/Jahr für das Große Haus bei 7,4, für das Concordia bei 7,5 und für Besucher des Schauspielhauses bei 8,6. Es empfiehlt sich aber, das harmonische Mittel zu berechnen, das mit dem Kehrwert der Besuchshäufigkeit gewichtet wird

(Abele/Bauer a.a.O., S. 270), weil sonst die häufigen Theaterbesucher in der Befragung überrepräsentiert wären.[27]
Das harmonische Mittel liegt wesentlich niedriger (Großes Haus 3,6 Besucher/Jahr, Schauspielhaus 4,7, Concordia 4,4). D.h. die Gruppe der "Bevorzugten" ist erheblich größer, wenn man diese notwendige Korrektur berücksichtigt.

Zu der für diese Untersuchung wichtigeren regionalen Inzidenz von Kultursubventionen bzw. öffentlichen Kulturausgaben sind vor allem die Arbeiten von Bischof (1985), Mennel-Hartung (1984) und Abele/Bauer (1984) zu nennen. Bischof untersucht die direkten und induzierten finanziellen Beziehungen zwischen den Züricher Kulturinstituten, dem Staat, Privatpersonen und der Wirtschaft. Die direkten Finanzbeziehungen ermittelt er aus den Betriebsabrechnungen der Institutionen. Zur Abschätzung der induzierten Beziehungen geht er stufenweise vor. Der erste Schritt sind Umfragen bei den Kulturbesuchern.

▶ Abitur   ▷ Mittelschule   ▷ Volksschule mit Lehre   ▷ Volksschule ohne Lehre

GESAMTBEVÖLKERUNG   MUSIKTHEATERBESUCHER

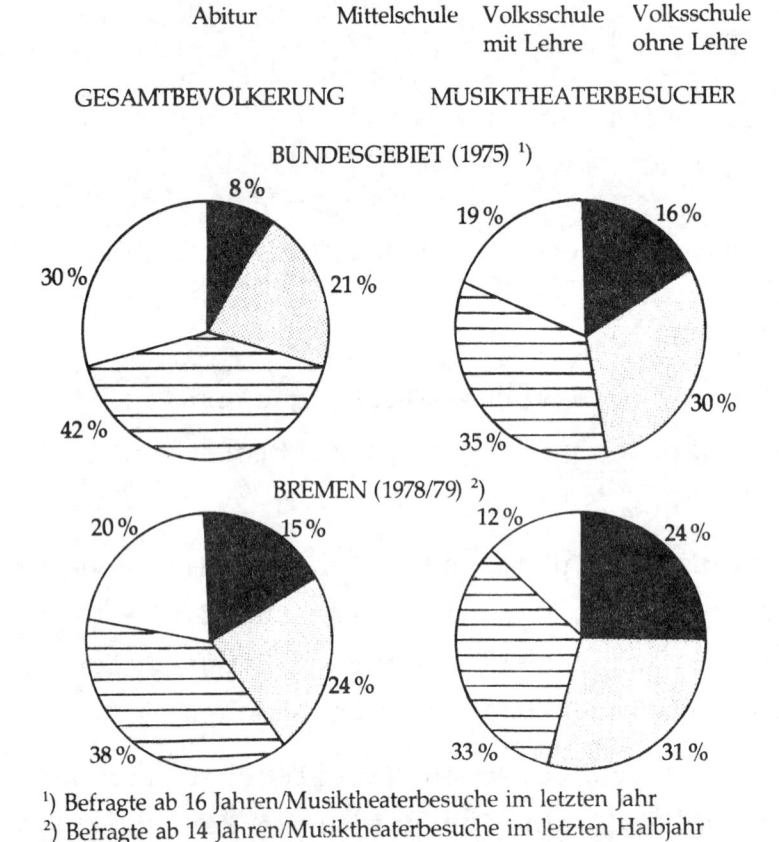

BUNDESGEBIET (1975) [1]

8% / 21% / 42% / 30%   16% / 30% / 35% / 19%

BREMEN (1978/79) [2]

15% / 24% / 38% / 20%   24% / 31% / 33% / 12%

[1]) Befragte ab 16 Jahren/Musiktheaterbesuche im letzten Jahr
[2]) Befragte ab 14 Jahren/Musiktheaterbesuche im letzten Halbjahr

Abb.5 : Bildungshintergrund der Besucher des Musiktheaters und der Gesamtbevölkerung.
Quelle: Fohrbeck/Wiesand 1980, S. 118.

Die Items des Fragebogens betreffen Herkunft, Transportmittel, Einkaufstätigkeit, Restaurantbesuch und Hotelübernachtung. Zur Quantifizierung der Beziehungen macht Bischof verschiedene Annahmen. Für die Autobenutzung berechnet er z.B. pro km 0,50 Franken; unseres Erachtens eine unrealistische Schätzung, da die Autokosten erstens in dieser Höhe nicht dem Kulturbesuch, zweitens nicht der Region Zürich zurechenbar sind. Zudem fehlt eine Gegenrechnung für Straßenunterhalt. Der dritte Schritt besteht aus der Berechnung des Gesamteffektes unter Hinzuziehung eines Multiplikators von 1,2, der auf der Konsumquote von 80 % und der Steuerquote von 14 % beruht. Für die Kulturinstitute stellt er direkte und induzierte Rückflüsse an den Staat von durchschnittlich 38 % der Subventionshöhe fest. Die direkten und induzierten Ausgaben an die Wirtschaft belaufen sich auf 290 % des Subventionsbetrages. Die durch den Kulturkonsum induzierten Ausgaben eines einzelnen Besuchers an die Wirtschaft (ohne Theatereintrittskarte) reichen von 61,5 Franken (Oper) bis zu 147 Franken (Tonhalle).

Es ist nicht zu ersehen, auf welche Region sich diese Angaben beziehen. Allein der Stadt Zürich sind die Ausgaben nicht zurechenbar, in einer größeren Region, etwa Gesamt-Schweiz, würden die induzierten Ausgaben an die Wirtschaft durch Kaufkraftminderungen in anderen Gebieten der Region ausgeglichen. Die Untersuchung läßt allenfalls eine größenordnungsmäßige Abschätzung der wirtschaftlichen Bedeutung der Züricher Kulturinstitute (für welche Region auch immer) zu, eine regionale Differenzierung der Inzidenzwirkungen ist nicht möglich.

Die Arbeit von Mennel-Hartung (1984) beschäftigt sich in einer Inzidenzanalyse mit dem Stadttheater St. Gallen. Bei diesem Theater kamen 65 % der 180.000 Besucher aus den umliegenden Gebieten. Die Herkunftsgemeinden zahlen einen - z.T. nur symbolischen - Ausgleichsbetrag an die Stadt, der die Bestimmung der regionalen Inzidenz interessant macht.

Die induzierten Ausgaben der Besucher an die Wirtschaft in der Stadt St. Gallen werden auf 700.000 Franken/Jahr geschätzt, also nur 3,9 Franken pro Besucher. Die Schätzung wird von Mennel-Hartung als 'vorsichtig' bezeichnet. Der Unterschied zur Züricher Untersuchung ist frappant. Er läßt sich nur z.T. aus der abweichenden Bedeutung der Institutionen und der unterschiedlichen Zentralität der Städte erklären. Im Gegensatz zu dieser Untersuchung stellt die Züricher eine Maximalannahme dar, wie auch aus den geschilderten Prämissen hervorgeht.

Auf der Ebene der formalen Inzidenz wirkt das Theater disparitäten-verstärkend, d.h. die Stadt St. Gallen hat per Saldo einen Kaufkraftzufluß zu verzeichnen, die geschätzte Nutzeninzidenz zeigt im Gegensatz dazu einen Vorteil für die Umlandgemeinden auf.

In der umfangreichen Studie über die österreichischen Bundestheater (Abele/Bauer, a.a.O.) werden aufgrund von Input-Output-Analysen verschiedene Multiplikatoren errechnet, um das "Verhältnis der kumulativen Gesamteffekte zu den anfänglichen Ausgaben auszudrücken" (S. 151/52). Für die direkten Ausgaben wurden u.a. folgende Multiplikatoren angenommen:

- Ausgaben der Bundestheater für Güter und Dienste 1,59
- Nebenausgaben des Publikums 1,65.

Diese Multiplikatoren beziehen sich auf die induzierten Brutto-Produktionseffekte.

Mit durchschnittlich 140 Schillingen (ca. DM 20,--) entsprechen die Nebenausgaben der österreichischen Besucher ziemlich genau den Werten, die wir in unserer Befragung ermittelt haben. Unsere Werte im einzelnen sind dem Tabellenanhang zu entnehmen. Allerdings liegen für Österreich keine Aussagen zur kleinräumigen regionalen Inzidenz vor. Nur die Zahlungen der Bundestheater wurden regional aufgeschlüsselt: 84 % fließen ins Inland, 80 % in das Bundesland Wien (Abele/Bauer, a.a.O., Abb. 18).

Eine jüngste Analyse zu regionalwirtschaftlichen Effekten von Gastspielen im Hamburger Operettenhaus geht von den gleichen Multiplikatoren aus wie Bischof, die erfragten durchschnittlichen Nebenausgaben der Besucher - DM 63,-- für Hamburger und DM 181,-- für Besucher von außerhalb - liegen weit über

unseren Werten und überschreiten teilweise sogar die für
Zürich ermittelten Nebenausgaben.[28]

Im folgenden sei noch auf Ergebnisse weiterer Studien verwiesen, die sich mit den externen ökonomischen Auswirkungen von Kulturangeboten beschäftigen.

Das Forschungsprojekt "Musikkarte Baden-Württemberg" konstatierte einen Umsatz von 3,15 Mrd. DM für den privatwirtschaftlichen Bereich im Lande, dem 0,99 Mrd. an Subventionen gegenüberstanden (vermutlich 1984) und schlägt vor, die Vorstellung "Subvention von Musik" durch den Begriff "Investition in Musik" zu ersetzen, weil eine "enge Abhängigkeit zwischen öffentlichem und privatwirtschaftlichem Musikbereich" bestehe.[29]

Für die Region New York - New Jersey ermittelte das Cultural Assistance Center mit Hilfe eines Input-Output-Modells wirtschaftliche Auswirkungen von non-profit-Institutionen (Musik, Oper, Theater, Museen usw.) in Höhe von 1,3 Mrd. US-Dollar. Unter Einschluß auch der kommerziellen Unternehmungen ("arts as an industry") ergibt sich ein Beitrag zum hauptstädtischen Wirtschaftsaufkommen von 5,6 Mrd. US-Dollar.[30]

Baird (1977) kommt für Vancouver zu dem Schluß, die rasche Entwicklung der "arts industry" habe eine signifikante wirtschaftliche Auswirkung auf die Stadt, in Anlehnung an die o.g. Toronto-Studie wird zur Berechnung der Wirtschaftseffekte ein Multiplikator von 3,5 zugrunde gelegt (S. 5).

Fallstudien in 6 US-amerikanischen Städten über "Economic Impact of Arts and Cultural Institutions" legen einen Muliplikatorwert zwischen 1,23 und 1,57 nahe.[31]

Zieht man ein Fazit aus den empirischen Analysen zu den wirtschaftlichen Effekten von kulturellen Institutionen, so läßt sich folgern:

- die Annahmen zu den Multiplikatorwerten schwanken etwa zwischen 1,2 und 1,6, unter Einbezug der kommerziellen Kultur- und Kunstangebote werden sogar (im einzelnen nicht begründete) Multiplikatoren von 3,5 vermutet;

- eine explizite Regionsabgrenzung wird von den wenigsten Analysen vorgenommen;

- die Erhebungen zu den Nebenausgaben von Kulturbesuchern zeigen sehr hohe Unterschiede.

5.3 Inzidenzanalyse für die Bremer Kulturinstitute

5.3.1 Methodische Vorbemerkungen

Die Abschätzung der Inzidenz der Bremer Kulturinstitute durch die Übertragung der vorgestellten Untersuchungen auf Bremer Verhältnisse gewährt größenordnungsmäßig und interpretatorisch einen erheblichen Spielraum. Es war daher notwendig, eine eigene Befragung zu den Nebenausgaben durchzuführen. Aufgrund der Unsicherheit bei der Abschätzung der Nutzeninzidenz soll sich die Analyse im wesentlichen auf die Ermittlung der formalen Inzidenz beschränken. Zur Bestimmung der effektiven Inzidenz sind darauf aufbauende Plausibilitätsannahmen möglich. Eine grobe Abschätzung der einzelnen Wirkungsrunden (Inzidenzschritte) und der Größenordnung der formalen bzw. effektiven Inzidenz mag das folgende Diagramm verdeutlichen. Die Subventionen, die das Bremische Theater jährlich erhält, werden zunächst um Steuern, Sozialabgaben, Abflüsse aus der Region (Importquote) usw. vermindert. Die im 1. Schritt vermutlich verbleibenden Beträge haben in den nächstfolgenden Multiplikatorschritten einen hohen Einkommenseffekt in der Region, nähern sich aber nach den ersten 10 Multiplikatorschritten einem Grenzwert entsprechend dem verwendeten Multiplikator (Abb. 6).

Die Bestimmung der formalen regionalen Inzidenz der Subventionen für die Bremer Kulturinstitute muß im einzelnen bestehen aus:

a) der Festlegung einer Region Bremen
b) der Bestimmung der Inzidenz der Sachmittelausgaben der Institute
c) der Bestimmung der Inzidenz der Personalausgaben
d) der regionalen Zuordnung der Eintrittsgelder und Nebenausgaben.

Abb. 6 : Inzidenz am Beispiel des Theaters

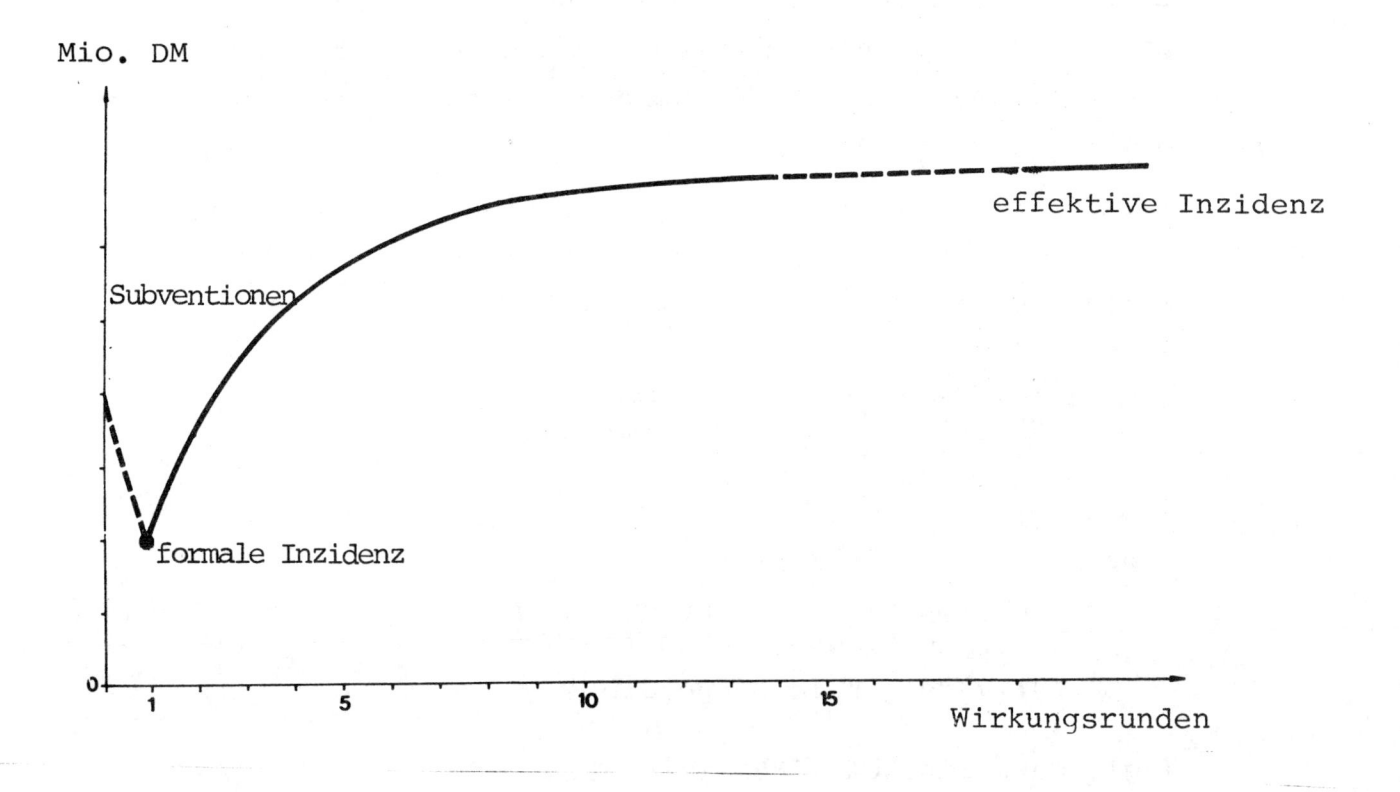

Mio. DM

[Diagramm: Kurve mit Subventionen, formale Inzidenz (bei Wirkungsrunde 1), und effektive Inzidenz über 15+ Wirkungsrunden]

Zu a): Die Region Bremen sollte zweckmäßigerweise aus Bremen-Stadt inklusive Bremen-Nord bestehen.

Zu b): Die Sachmittelausgaben können aufgrund der Rechnungsbücher der Institute regional zugeordnet oder geschätzt werden.

Zu c): Die Wohnorte der Festangestellten ermöglichen die Abschätzung der auf Bremen entfallenden Ausgaben aus den Einkommen dieser Personen.

Zu d): Die Herkunft der Nebenausgaben ist durch die repräsentative Befragung der Kulturbesucher erfaßt worden (vgl. Fragebogen).

Für die Bestimmung der effektiven Inzidenz werden die Sach- und Personalausgaben mit einem Multiplikator versehen. Der spezifische Multiplikatoreffekt für Bremen läßt sich aufgrund theoretischer Überlegungen aus anderen regionalen oder großräumigen Untersuchungen ableiten. Dieses Verfahren wurde durch die Erfragung der Aktivitätenverknüpfung bei den Kulturbesuchern ergänzt, die eine Aussage über die durch den Kulturbesuch induzierten Ausgaben an die Bremer Wirtschaft zuläßt. Die induzierten Ausgaben bestehen aus den Elementen Einkauf, Inanspruchnahme von Dienstleistungen, Restaurant-, Café- oder Gaststättenbesuch sowie gegebenenfalls Hotelübernachtung. Die Beträge werden ebenfalls mit einem Multiplikator versehen.

Für die Personalausgaben der Kulturinstitute benutzten wir die - inzwischen relativ oft eingesetzte - stabile Multiplikatorformel:

$$r = \frac{1}{1-(1-c)(1-t)}$$

wobei   r = Multiplikator

   c = marginale Konsumquote (Anteil der zusätzlichen Konsumausgaben am zusätzlich verfügbaren Einkommen)

   t = marginale Steuerquote

(vgl. dazu Bischof 1985, S. 115).

In Anlehnung an die Steuerquote für die Haushaltstypen 2 und 3 von Angestellten und Beamten für das Jahr 1984 nehmen wir eine marginale Steuerquote von 14 % an. Für dieselben Haushaltstypen lagen die Ausgaben für den privaten Verbrauch zwischen 73 und 83 %. Eine Konsumquote von 80 % scheint also realistisch zu sein.[32]

Setzt man die Werte in die Formel ein, so ergibt sich für die Lohnzahlung an das Personal ein Multiplikatorwert von 1,21.

Für die Sachausgaben der Kulturinstitute bzw. die Nebenausgaben der Kulturbesucher wurde der Multiplikatorwert von Abele/Bauer in leicht reduzierter Form (1,5) übernommen.

Problematisch bleibt bei einer regionalen Betrachtung, daß die Importquote der vorgelagerten Wirtschaftsbereiche nicht zu erfassen ist; daher müssen wir uns auf die Importquote bzw. Abflüsse der ersten Stufe beschränken.

Zu beachten ist auch, daß die Nebenausgaben der Besucher nicht ohne weiteres den Kulturinstituten zugerechnet werden können, jedenfalls nicht bei den Museen.[33]

Wie den Ergebnissen der Befragung zu entnehmen ist, stellt der Besuch von Museen nur eine Aktivität von mehreren dar (vgl. Kap. 6). Deshalb wird nur ein Drittel der Ausgaben dem Museumsbesuch zugerechnet (Faktor 0,33). Bei Theater-Besuchern besteht dagegen eine ziemlich eindeutige Verbindung von Nebenausgaben und Besuch einer Aufführung, selbst dann, wenn die Stadt aus anderen Gründen aufgesucht worden ist.

5.3.2 Inzidenz am Beispiel der Bremer Theater und Museen

Die Ausgaben des Theaters - aufgeschlüsselt nach Zahlungen in Bremen und nach außerhalb - setzen sich wie folgt zusammen:

Ausgaben in 1000 DM (1984)	Stadt Bremen	außerhalb	Gesamt
Löhne, Gehälter, Honorare (brutto)	16.860	3.932 [2]	20.792
Lohnsteuer [1]	1.145	1.988	3.133
Kirchensteuer [3]	102	26	128
Soziale Aufwendungen (Arbeitgeberanteile) [4]	1.347	3.257	4.604
Soziale Aufwendungen (Arbeitnehmeranteile) [5]	773	2.375	3.149
Löhne, Gehälter, Honorare (netto)	10.424 [6]	3.932 [2]	14.356
Sachaufwendungen	4.179	1.714	5.893

1) Die Lohnsteuern im Land Bremen werden um 21,2 % Ausgleichszahlungen für Pendler mit Wohnsitz im Umland vermindert. Von den verbleibenden 78,8 % entfallen 42,5 % auf den Bund, 42,5 % auf das Land Bremen und 15 % auf die Gemeinden Bremen und Bremerhaven.
Der Gemeindeanteil von 15 % verteilt sich zu 12,27 % auf die Stadt Bremen und zu 2,73 % auf die Stadt Bremerhaven. Der Landesanteil von 42,5 % wird um 8,5 % Gemeindeanteil vermindert, der auf die beiden Gemeinden wie folgt verteilt wird: 6,9 % HB, 1,6 BHV. Die verbleibenden 34 % werden nach dem Gesamtdeckungsprinzip nicht aufgeschlüsselt. Für unsere Zwecke verteilen wir diese 34 % nach den Einwohneranteilen beider Städte mit 1 : 4. Auf die Stadt Bremen entfällt demnach ein Steueranteil von 36,54 %.

2) Da zunächst alle Steuern in Bremen gezahlt werden, sind Löhne/Gehälter nach außerhalb Nettoeinkommen.

3) Kirchensteuern: 20,3 % der Kirchensteuer fließen als sog. Fremdsteuer ab.

4) Soziale Aufwendungen (Arbeitgeberanteil): der in Bremen verbleibende Betrag von 1.347 TDM setzt sich zusammen aus 698 TDM Ruhelohnzahlungen, 623 TDM AOK-Beiträgen und 26 TDM Arbeiterkammerbeiträgen.

5) Soziale Aufwendungen (Arbeitnehmeranteil) in Höhe von 773 TDM fliessen an die AOK Bremen.

6) Der in Bremen verbleibende Nettolohn für ständig Beschäftigte betrug 9.576 TDM. Für nichtständig Beschäftigte wurden 1.195 TDM Honorar gezahlt. Die Kürzung um einen Sozialabgabenanteil von 347 TDM wurde geschätzt.

Induzierte Ausgabenströme des Theaters als Produktionsstätte an die Wirtschaft in Bremen unter Berücksichtigung der genannten Multiplikatoren sind also (1984):

1. Sachaufwendungen an
   die bremische Wirtschaft   4.179 x 1,5   TDM   6.269

2. Nettolöhne der Beschäftigten   10.424 x 1,2   TDM 12.509
   (induzierte Ausgaben
   des Personals an die
   bremische Wirtschaft)
                                                        ─────────────
                                                        TDM 18.778

Die induzierten Ausgaben der Theaterbesucher
- die Befragungsergebnisse wurden nach den Besucherzahlen der Spielzeit 1983/84 hochgerechnet (vgl. Tab. 18a) - betrugen:

Besucher Bremen-Stadt   (DM 17,-- x 130.343)   TDM   2.216
Besucher Bremen-Nord   (DM 21,-- x 18.379)   TDM   386
Besucher Umland   (DM 23,-- x 50.783)   TDM   1.168
Besucher übrige BRD   (DM 44,-- x 17.170)   TDM   755
Besucher Ausland   (DM 37,-- x   2.660)   TDM   98
Besucher - außerhalb   (DM 30,-- x 21.764)   TDM   653
(ohne nähere Her-
kunftsangabe)
                                                 ─────────────
                                                 TDM   5.276

Induzierte Besucherausgaben ges. 5.276 x 1,5   TDM   7.914

Die Gesamtsumme der induzierten Ausgaben an die Wirtschaft in Bremen durch die Theater und Theater-Besucher beträgt also 26,7 Mio. DM, wovon Importe durch Auswärtige rund 4,0 Mio. DM umfassen.

Die direkten bzw. induzierten Steuern an die
Stadt Bremen betragen

   Steuern aus Löhnen, Gehältern, Honoraren   TDM 1.247

Induzierte Steuern aus Wirtschafts-
tätigkeit aufgrund direkter und induzierter Leistungen aus:

   Produktionstätigkeit Theater
   (inkl. Multiplikator)   TDM 18.778

   Besucher Nebenausgaben
   (inkl. Multiplikator)   <u>TDM 7.914</u>
                                    TDM 26.692

   davon 40 % Personalkosten,
   davon 15 % Lohnsteuer,
   davon 36,5 % Anteil Stadt Bremen   =   <u>TDM   585</u>

                                             Gesamt: TDM 1.832

Rechnen wir noch 2 % Umsatzsteuer aus der induzierten Wirt-
schaftstätigkeit (534 TDM) hinzu, so ergibt sich ein gesamter
Steuerrückfluß an die Stadt Bremen von rd. 2,4 Mio. DM. Den
Subventionen in Höhe von TDM 26.078,-- (Theaterausgaben in
Höhe von TDM 31.263,-- minus TDM 5.185,-- Eigeneinnahmen)
stehen also induzierte Zuflüsse an die Wirtschaft von 26,7 Mio.
DM und direkte und induzierte Steuerrückflüsse von 2,4 Mio. DM
gegenüber.

Auf eine Ableitung der induzierten Beschäftigungseffekte wurde
verzichtet, weil wir annehmen, daß die vorgelagerten Wirtschaftsbereiche die durch Theater und Theater-Besucher aus-
gelöste Nachfrage zum großen Teil mit den vorhandenen Kapazi-
täten befriedigen können.

Die Theater selbst beschäftigten 1983/84 ständig 417 Mitarbeiter, davon als Verwaltungs-, technisches und Hauspersonal
283 Personen; zudem waren 54 Künstler in Gastspielverträgen
engagiert.

Für die Museen können wir nur Schätzungen vorlegen, weil detaillierte Angaben, insbesondere über den regionalen Verbleib der Ausgaben fehlen. Die Berechnungen werden im folgenden deshalb in verkürzter Form durchgeführt.

Kunsthalle

Löhne, Gehälter (inkl. Arbeitgeberanteil)	TDM 1.396
Soziale Aufwendungen (Arbeitgeberanteil*)	TDM 141
Soziale Aufwendungen (Arbeitnehmeranteil*)	TDM 112
Lohnsteuer*	TDM 217
Löhne, Gehälter (netto)*	TDM 892
Sachaufwendungen	TDM 1.209

*Die Schätzungen beruhen auf den Lohnlisten der Kunsthalle für April 1984 (Kirchensteuer, Arbeiterkammerbeiträge u.ä. sind nicht berücksichtigt).

Gehen wir davon aus, daß 80 % der Löhne und Gehälter und 70 % der Sachausgaben in Bremen verbleiben, so ergibt sich unter Zugrundelegung der o.g. Multiplikatoren ein induzierter Betrag von (892 x 0,8 x 1,2 + 1209 x 0,7 x 1,5) TDM 2.125,--.

Die durchschnittlichen Nebenausgaben der Besucher der Kunsthalle betrugen DM 29.--. 1984 hatte die Kunsthalle 107.773 Besucher, davon 1.421 Schüler. Schulklassen wurden - wie erwähnt - in den Museen nicht befragt. Wir veranschlagen deren Nebenausgaben auf ca. 50 % dessen, was die interviewten Personen ausgegeben haben. Rechnet man ein Drittel der Besucherausgaben dem Museums-Besuch zu, so ergibt sich ein Betrag von (0,33 x 29 x 93.752 + 0,33 x 14,50 x 14.021) TDM 964,-- x 1,5 = TDM 1.446 (Importanteil = TDM 748,--).

Von der Kunsthalle bzw. ihren Besuchern wurden also 1984 TDM 3.571,-- Zuflüsse an die bremische Wirtschaft induziert. Die direkten und induzierten Steuerrückflüsse betrugen nach unseren Berechnungen (vgl. dazu Theater) TDM 228,--. Die Aufwendungen der Stadt Bremen betrugen demgegenüber 1984 TDM 1.351,--.

Die Kunsthalle beschäftigt 25 Beamte, Angestellte und Arbeiter; außerdem 7 ABM-Kräfte in der Aufsicht.

Focke-Museum:

Löhne, Gehälter (inkl. Arbeitgeberanteil)	TDM 1.868
Soziale Aufwendungen (Arbeitgeberanteil)*	TDM 164
Soziale Aufwendugnen (Arbeitnehmeranteil)*	TDM 124
Lohnsteuer*	TDM 319
Löhne, Gehälter (netto)*	TDM 1.210
Sachaufwendungen	TDM 564

* Schätzwerte - vgl. Kunsthalle

Setzen wir die o.g. Parameter ein, so betrug der vom Focke-Museum 1984 induzierte Mittelfluß (1210 x 0,8 x 1,2 + 564 x 0,7 x 1,5) TDM 1.754,--. Das Focke-Museum hatte 1985 134.487 Besucher (ohne Kinder aus Kindergärten), davon waren 24.963 Schüler. Die durchschnittlichen Nebenausgaben der Besucher des Focke-Museums betrugen 21,7 DM. Es ergibt sich also ein induzierter Gesamtbetrag von (0,33 x 21,7 x 109.524 + 0,33 x 10,9 x 24.963) TDM 874,-- x 1,5 = TDM 1.311,-- (Importanteil TDM 791,--). Insgesamt betrugen demnach die vom Focke-Museum induzierten Zahlungen an die bremische Wirtschaft ca. 3,1 Mio. DM. Direkte und induzierte Steuerrückflüsse des Focke-Museums sind mit TDM 245,-- zu veranschlagen. An Subventionen wurden dagegen 2,3 Mio. DM aufgewendet.

Das Focke-Museum beschäftigte 1984 41 Beamte, Angestellte und Arbeiter sowie 10 ABM-Kräfte.

Übersee-Museum:

Löhne, Gehälter (inkl. Arbeitgeberanteil)	TDM	2.643
Soziale Aufwendungen (Arbeitgeberanteil)*	TDM	230
Soziale Aufwendungen (Arbeitnehmeranteil)*	TDM	198
Lohnsteuer*	TDM	416
Löhne, Gehälter (netto)*	TDM	1.723
Sachaufwendungen	TDM	830

* Schätzwerte - vgl. Kunsthalle

Die induzierten Ausgaben des Übersee-Museums betrugen also (1.723 x 0,8 x 1,2 + 830 x 0,7 x 1,5) TDM 2.526,--.

Im Jahre 1984 wurde das Übersee-Museum von 189.375 Menschen besucht, darunter waren 47.387 Erwachsene und 141.988 Schüler/Studenten usw. Nach unserem Rechenschema ergibt sich somit für die Nebenausgaben der Besucher ein induzierter Betrag von (0,33 x 24 x 47.387 + 0,33 x 12 x 141.988) TDM 937,-- x 1,5 = TDM 1.406,-- (Importanteil TDM 1.196,--!).

Die induzierten Ausgaben des Museums und seiner Besucher betrugen also 3,9 Mio. DM. Die direkten und induzierten steuerlichen Rückflüsse durch das Übersee-Museum schätzen wir auf TDM 317,--. Die Zuschüsse der Stadt Bremen betrugen 2,8 Mio. DM.

Das Übersee-Museum bietet ständige Arbeitsplätze für 52 Beamte, Angestellte und Arbeiter.

Bewertet man also die ökonomischen Wirkungen der Bremer Kulturinstitute im engeren Sinne, so zeigt sich folgende Bilanz (vgl. auch Abb. 7):

- induzierte Ausgaben des Theaters an die bremische Wirtschaft 18,8 Mio. DM

- induzierte Ausgaben der Theater-Besucher 7,9 Mio. DM
- induzierte Ausgaben der Museen 6,4 Mio. DM
- induzierte Ausgaben der Museums-Besucher 4,1 Mio. DM
- direkte und induzierte steuerliche Rückflüsse durch das Theater 2,4 Mio. DM

- direkte und induzierte steuerliche Rückflüsse durch die Museen 0,8 Mio. DM
- Theater und Museen bieten, zumeist qualifizierte, Dauerarbeitsplätze für rund 540 Personen.

  Die Subventionen an Theater und Museen betrugen ca. 32,5 Mio. DM.

Rein rechnerisch lohnen sich also die öffentlichen Kulturausgaben Bremens, wenn man die finanziellen Transaktionen unter den gegebenen Annahmen betrachtet, denn selbst ohne Einbezug der steuerlichen Rückflüsse gehen induzierte Zahlungsströme in Höhe von 37,2 Mio. an die bremische Wirtschaft (vgl. Abb. 7).

Allerdings ist - wie mehrfach erwähnt - eine solche eingeschränkte ökonomische Betrachtung zu ergänzen um die zahlreichen indirekten und aufgrund des komplexen synergetischen Zusammenhangs nicht immer erfaßbaren Auswirkungen kultureller Angebote (vgl. dazu vor allem Kap. 1, 3 und 4), wie z.B. Erhöhung einer attraktiven Lebensqualität, Stärkung der regionalen Identität, Verbesserung des städtischen Images oder Belebung der Altstadt.

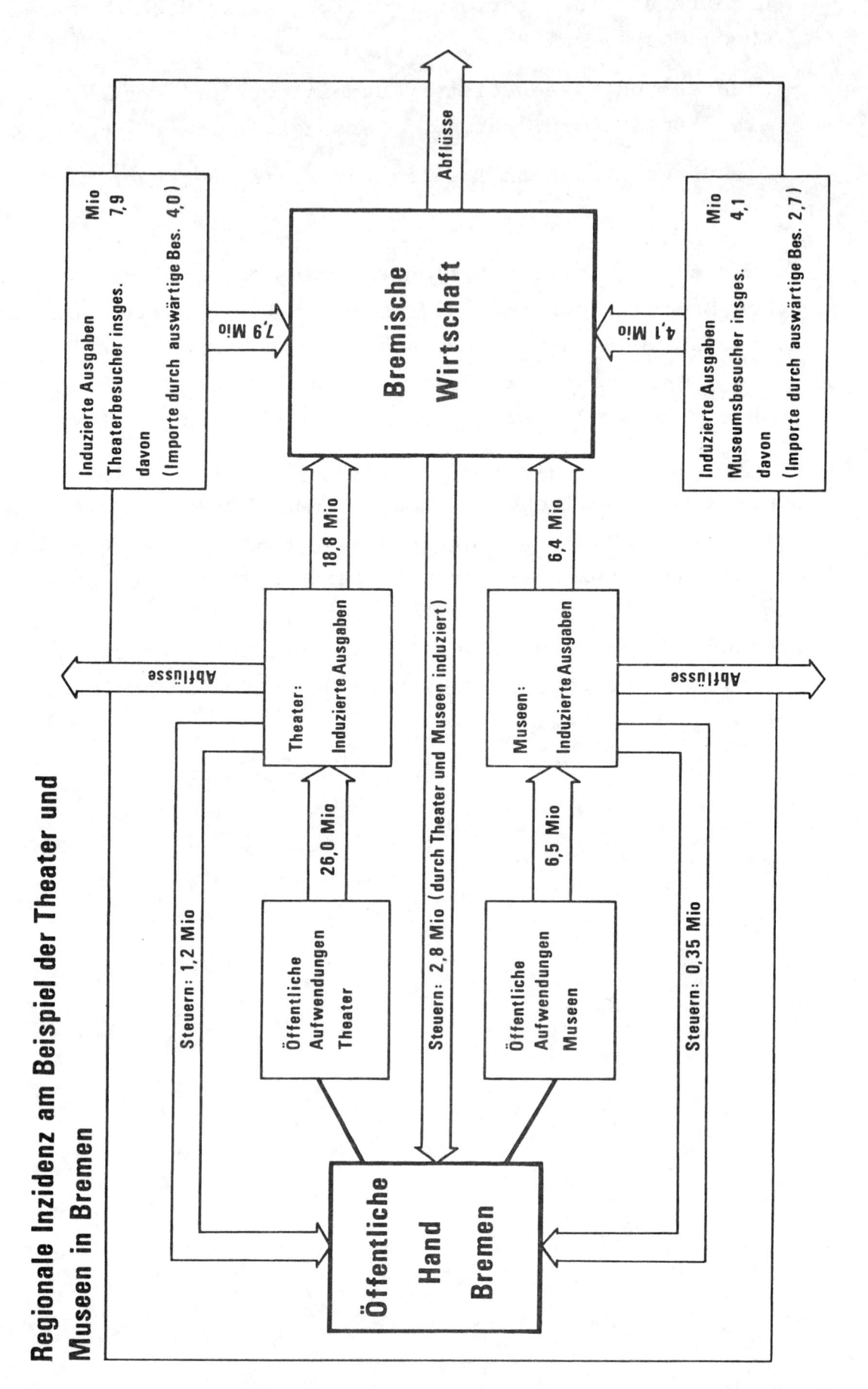

Abb. 7

Regionale Inzidenz am Beispiel der Theater und Museen in Bremen

6. Ergebnisse der Befragung von Theater- und Museumsbesuchern

6.1 Durchführung der Untersuchung

Da sich die ursprüngliche Absicht, die in ähnlichen Untersuchungen gewonnenen Ergebnisse zu dem Ausgabenverhalten und den Aktivitäten von Kulturbesuchern auf Bremen zu übertragen, aufgrund der divergierenden Ergebnisse nicht hat durchführen lassen, haben wir im Juni und Juli 1985 eine eigene Befragung durchgeführt. Insbesondere zur Erfassung der vom Kultursektor induzierten Aktivitäten und Geldausgaben wurden die Besucher der Theater (Theater am Goetheplatz, Schauspielhaus, Concordia) und der Museen (Kunsthalle, Focke-Museum, Übersee-Museum) an jeweils drei Tagen befragt.

Um eine ausreichende Repräsentativität zu erreichen, wurde die Umfrage auf verschiedene Wochentage gelegt. Bei den Theateraufführungen wurde außerdem darauf geachtet, daß die Besucher von Bühnenstücken unterschiedlicher Ausrichtung in die Befragung einbezogen wurden.

In den Museen wurden jedem Besucher am Eingang Fragebogen und - soweit nötig - Schreibgerät ausgehändigt. Nach dem Ausfüllen konnten die Bögen in bereitgestellte Urnen geworfen werden. Die Museums-Befragung führten Mitarbeiter der Museen durch. An die Theater-Besucher wurden die Bögen vor den jeweiligen Vorstellungen verteilt. Unmittelbar vor Beginn der Aufführung ist auf der Bühne in einem kurzen Vortrag auf die Befragung hingewiesen worden, verbunden mit einem Aufruf zu reger Beteiligung.
In der Pause und nach der Vorstellung wurden nochmals Bögen ausgegeben und eingesammelt. Durchgeführt wurde die Befragung von Schülern des Kurt-Schumacher-Gymnasiums und Studenten des Studiengangs Geographie. Ohne das Engagement besonders der Schüler wäre die Fragebogenaktion in dieser Form nicht möglich gewesen.

Die Befragung mußte sich auf die klassischen Kulturinstitute beschränken, weil die zusätzliche Untersuchung anderer Kulturangebote organisatorisch nicht leistbar war. Sie hätte größere personelle und finanzielle Ressourcen erfordert und wäre bei

einigen Instituten - z.B. Stadthalle - auch technisch kaum
durchzuführen gewesen. Insbesondere die vielfältige alternative Kulturszene war nicht erfaßbar.

Aus den Tabellen zu den Theater-Besuchern geht hervor, daß mit
den Befragungen das Angebotsspektrum der einzelnen Häuser
weitgehend abgedeckt ist. Die hohe Rücklaufquote von 55 bis
90 % (Durchschnitt 63 %) ließ sich nur durch die gute Organisation und den Einsatz der Beteiligten erreichen. Von den Besuchern der Museen (ohne Schulklassen) antworteten zwischen
29 % (Focke-Museum) und 63 % (Kunsthalle), der Durchschnitt
lag bei 41 %. Insgesamt wurden 2.327 Theater-Besucher und
746 Museums-Besucher befragt.

Inhalt der Fragebögen: Die Fragebögen für Museen und Theater
unterscheiden sich in verschiedener Hinsicht (s. Anhang).
Beide Bögen weisen Fragen zur Herkunft, zur Aktivitätenverknüpfung, zur Geldausgabe, zur Hotelübernachtung, zum Alter,
zum Geschlecht und zur Gruppengröße auf. Der Museumsbogen wurde um Fragen zum Grund des Bremen-Besuches, zur interessierenden Ausstellungsart und zum Anlaß des Museumsbesuches ergänzt.
Der Theaterbogen enthielt Zusatzfragen zur Anzahl der jährlich besuchten Veranstaltungen und zur Mitgliedschaft in
einer theaterbezogenen Vereinigung.

6.2 Ergebnisse der Untersuchung

6.2.1 Herkunft der Besucher

Der Anteil der Bremer ist unter den Theater-Besuchern mit
62 % mehr als doppelt so hoch wie unter den Besuchern der
Museen (29 %). Von außerhalb kamen also 38 % (Theater) bzw. 71 %
(Museen) (vgl. Tabellen 1a und 1b). Während das Ergebnis für
die Theater repräsentativ sein dürfte, müssen wir davon ausgehen, daß aufgrund des Befragungszeitraumes (2.bis 12.6.
und 2.7.1985) der Anteil der auswärtigen Museums-Besucher gegenüber dem Jahresdurchschnitt überrepräsentiert ist. Die Statistik
der Museen bietet als einzigen Anhaltspunkt zur Kontrolle
die Unterteilung nach auswärtigen und einheimischen Schulklassen. Für das Übersee-Museum betrug die Relation zwischen

Einheimischen und Auswärtigen für die ersten 10 Monate des Jahres 1985 24 : 76. Im Focke-Museum war das Verhältnis genau umgekehrt (75 : 25 im Jahre 1984). Nach eigener Einschätzung liegt im Focke-Museum der Anteil der Bremer an allen Besuchern bei ca. 65 %.

In der Sommerperiode jedenfalls weist das Übersee-Museum mit 80 % den höchsten Anteil auswärtiger Gäste unter allen Museen auf; beim Focke-Museum sind es immerhin noch 70 %, während auch im Sommer die Kunsthalle mit 47 % einen starken Regionalbezug hat.

Offensichtlich schwankt der Anteil der bremischen Besucher im Übersee-Museum während der Woche relativ stark: an Werktagen (Mittwoch, Donnerstag) kamen nur 8 % aus der Stadt, an Sonntagen dagegen 27 %. Diese Variation ist wahrscheinlich auf den hohen Anteil auswärtiger organisierter Besuchergruppen und Schulklassen während der Woche zurückzuführen.
Die kleinen Stichproben des Focke-Museums (101) und der Kunsthalle (165) lassen eine Interpretation der Variation an einzelnen Befragungstagen nicht sinnvoll erscheinen, da der Einfluß der Zufallskomponente zu groß ist.

Bei den Theatern weist das Goethe-Theater mit 41 % einen um etwa 10 % höheren Anteil auswärtiger Besucher als die anderen Bühnen auf. Auch die Art der Vorstellung muß als zusätzliche Erklärungskomponente für den Anteil an Auswärtigen herangezogen werden. Die Variation der Besucher aus Bremen-Stadt ist am Schauspielhaus mit 58 % bis 61 % vernachlässigbar gering. Beim Goethe-Theater hingegen mit 46 bis 60 % bedeutend größer. Hier kommen während der Arbeitswoche im Gegensatz zum Museum mehr Besucher aus Bremen selbst als am Wochenende. Überdies ist der Anteil der Auswärtigen bei den traditionellen Stücken "Aida" und "Vogelhändler" höher als bei "Lysistrate".

Die Gruppe der auswärtigen Besucher haben wir je nach Herkunft in die Untergruppen "Umland", "übrige BRD" und "Ausland" aufgesplittet (vgl. Tabellen 1 a und 1 b).

Da nicht alle Befragten von außerhalb nähere Angaben zum Herkunftsort bzw. zur Herkunftsregion gemacht haben, ergibt die Summierung der Untergruppen nicht den Wert aller Auswärtigen.

Die regionale Verteilung der von außerhalb Kommenden zeigt, daß das Theater stärker als die Museen auf das Umland bezogen ist: von dort kommen 21 % der Gäste, dagegen bei den Museen nur 15 % ("Umland" umfaßt die zum Planungsraum Unterweser gehörenden Gemeinden - vgl. auch Abb. 1). Hier gibt es für die einzelnen Häuser charakteristische Abweichungen, den höchsten Umlandanteil weist das Goethe-Theater mit 24 % auf, die beiden anderen Bühnen kommen nur auf jeweils 16 %.

Korrespondierend mit den Zahlen der Besucher aus dem Umland sind die Anteilswerte für Gäste aus dem übrigen Bundesgebiet beim Goethe-Theater mit 6 % am geringsten, zudem sind noch erhebliche Variationen von Aufführung zu Aufführung zu beobachten (Minimum 1 %). Bei den anderen Theatern sind die Werte durchgehend höher, wobei das Schauspielhaus mit 11 % wahrscheinlich von den bundesweiten Presseberichten zur Neueröffnung zehrt. Auch das Tanztheater weist unter seinen auswärtigen Gästen einen relativ hohen Anteil von weither Angereisten auf (8 % aller Besucher). Doch liegen die kleinen Bühnen in ihren Werten ebenfalls weit unter denen der Museen.

Dort weist die Verteilung der auswärtigen Besucher eine relativ gleichförmige Struktur auf. Unterschiede bestehen in dem Verhältnis von Bremern zu Auswärtigen, unter den Auswärtigen dominieren Gäste aus dem ferneren Umland bzw. aus der sonstigen Bundesrepublik.

Die Zahl der Ausländer unter den Museums-Besuchern ist mit 5 % naturgemäß wesentlich höher als unter den Theater-Besuchern mit 1 %. Der hohe Anteil beim Focke-Museum (11 %) ist vermutlich zufallsbedingt.

Im Schnitt aller untersuchten Kulturinstitute - gewichtet mit der Jahresbesuchszahl 1984 - liegt der Anteil auswärtiger Besucher bei 58 %. Mehr als ein Drittel aller Kultur-Besucher ist von fern her angereist ("übrige BRD" und "Ausland") - bei den Museen mehr als die Hälfte.

In den Untersuchungen von Gunzert (1970), Frey u.a. (1975) und Abele/Bauer (1985) liegt der Anteil der auswärtigen Theater-Besucher wie in Bremen bei ca. 40 %, nur die Fernwirkung von Wien beispielsweise ist erheblich größer.

Die an den Besucherzahlen gemessene regionale und überregionale Wirkung der Bremer Theater ist also durchaus mit der anderer Großstädte vergleichbar.

6.2.2 Aktivitäten und Geldausgaben

Die Antwortmöglichkeiten zur Aktivitätenverknüpfung unterscheiden sich in den Theater- und Museumsfragebögen leicht. Es entsprechen einander die Kategorien "Restaurant-, Gaststätten- und Cafébesucher", "Einkauf", "Stadtbesichtigung", "Sonstiges" und "Nein". Nur in diesen Kategorien sind somit übergreifende Aussagen möglich (Abb. 8 sowie Tabellen 2a und 2b).

Die im folgenden beschriebenen Aktivitätenverknüpfungen variieren - wie zu erwarten - bei Theater- und Museumsbesuchern. Der abendliche Theaterbesuch schränkt im Regelfall die Aktivitätsbreite ein, dafür sind die genannten Aktivitäten ziemlich eindeutig vom Besuch einer Bühnenaufführung abhängig.
Anders bei den Museums-Besuchern: die Zahl verschiedener Aktivitäten nimmt zu, dagegen aber die Abhängigkeit von dem Museumsbesuch ab. D.h. in mindestens der Hälfte aller Fälle sind auswärtige Gäste auch aus anderen Gründen als dem Museumsbesuch nach Bremen gekommen. Der Besuch eines Museums ist nur eine Aktivität unter anderen.

Ein Viertel bis ein Drittel der befragten Kulturkonsumenten verbindet den Kulturbesuch mit einem Restaurant- oder Gaststättenaufenthalt: der Anteil ist unter den Theaterbesuchern erwartungsgemäß mit 36 % höher als bei den Museumsbesuchern mit 25 %. Besonders hohe Werte weisen das Schauspielhaus mit 42 % und das Concordia mit 36 % auf. Auch die Befragungen in Zürich und Wien kamen zu dem Ergebnis, daß gut ein Drittel der Theater-Besucher Restaurants und Gaststätten aufsuchen.

Abb. 8

Aktivitäten der Theater-/Museumsbesucher

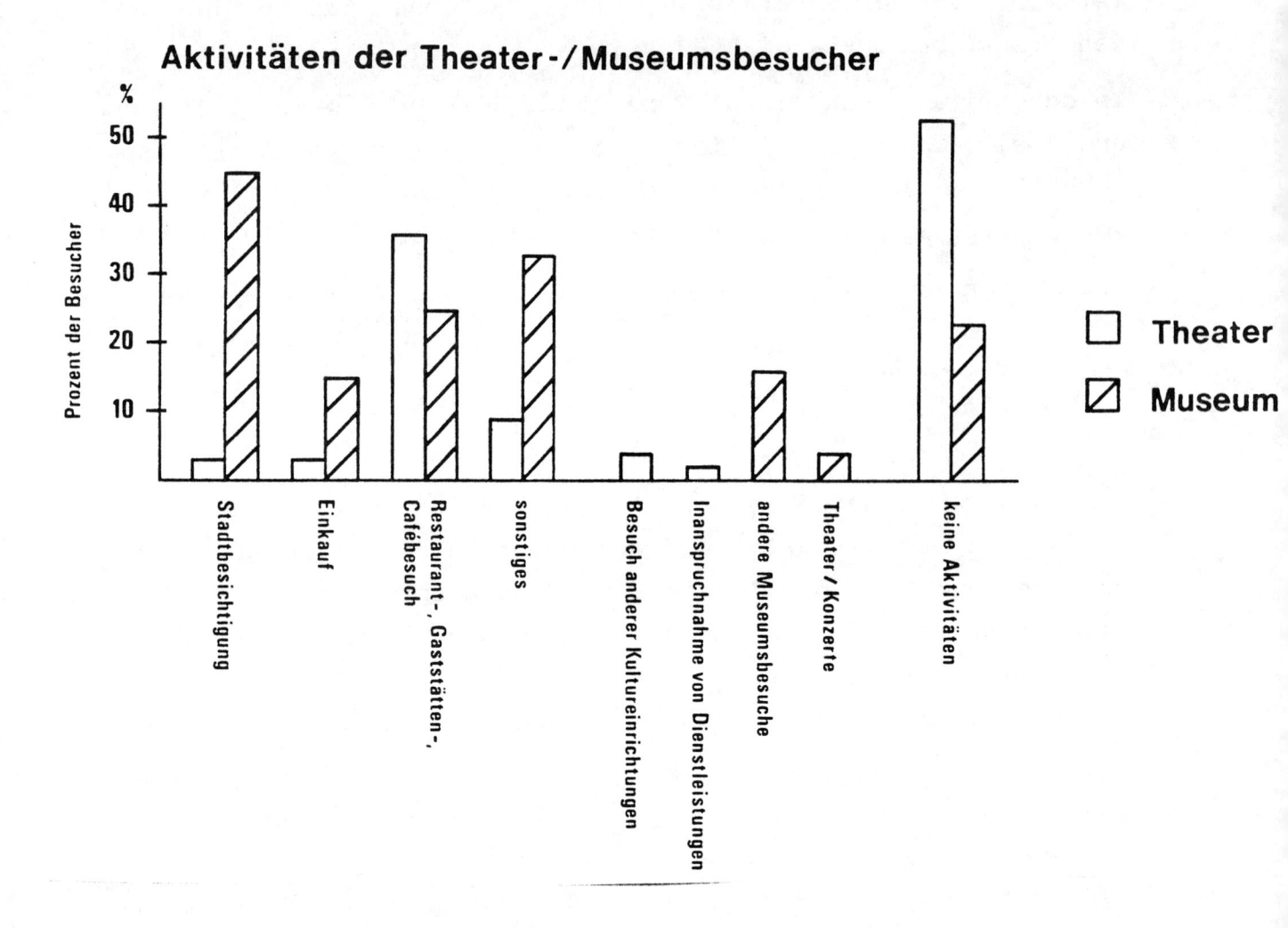

- Stadtbesichtigung
- Einkauf
- Restaurant-, Gaststätten-, Cafébesuch
- sonstiges
- Besuch anderer Kultureinrichtungen
- Inanspruchnahme von Dienstleistungen
- andere Museumsbesuche
- Theater / Konzerte
- keine Aktivitäten

☐ Theater
▨ Museum

Abb. 9

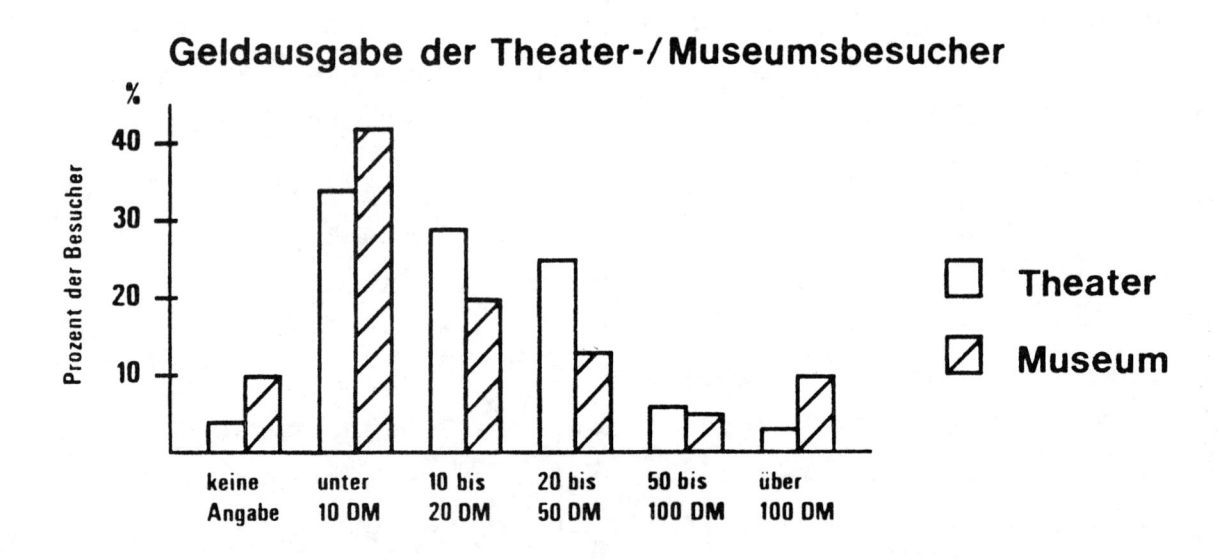

Geldausgabe der Theater-/Museumsbesucher

- keine Angabe
- unter 10 DM
- 10 bis 20 DM
- 20 bis 50 DM
- 50 bis 100 DM
- über 100 DM

☐ Theater
▨ Museum

Quelle: Befragung im Juni/Juli 1985

Nur 3 % der befragten Theater-Besucher kauften auch ein, dagegen 15 % der Museums-Besucher. "Einkaufen" wurde in Zürich mit 11 bis 21 % biel häufiger genannt, die Fragestellung scheint dort jedoch weiter gefaßt gewesen zu sein (Einkäufe, die durch den Kulturbesuch angeregt wurden). Trotzdem wird die geringe Attraktivität Bremens als Einkaufsstadt deutlich.

Bei der Stadtbesichtigung sind die Unterschiede zwischen den Besuchern von Museen und Theatern extrem: nur 3 % der Theater-Besucher, hingegen fast die Hälfte (ca. 45 %) der Museums-Besucher besichtigten auch die Innenstadt. Der Anteil korreliert in den einzelnen Häusern mit dem Anteil auswärtiger Besucher. Naturgemäß ist generell das Aktivitätsniveau bei den Museums-Besuchern höher als bei den Theater-Besuchern: unter den Theater-Besuchern übt die Hälfte keine weitere Aktivität aus, unter den Museums-Besuchern ist es nur ein Viertel (geringe Variation zwischen den Häusern).

16 % aller Museums-Besucher suchen verschiedene Museen auf. Besonders hoch liegt hier der Anteil unter den Gästen des Focke-Museums und der Kunsthalle.

Die Besucheraktivitäten wurden mit verschiedenen Variablen korreliert. Die Tabellen 13 a und 13 b zeigen den Zusammenhang mit der Herkunft: unter den Theatergästen nehmen "Besuch anderer Kultureinrichtungen", "Stadtbesichtigung" und "Einkauf" mit wachsender Entfernung des Herkunftsortes zu. Die Herkunftsgruppen "übrige BRD" und "Ausland" haben ein allgemein höheres Aktivitätsniveau als der Rest der Besucher.

Bei den Museums-Besuchern nehmen die Aktivitäten "Besuch anderer Museen", "Stadtbesichtigung" und "Gaststättenbesuch" mit der Entfernung zu. Das gleiche gilt für das allgemeine Aktivitätsniveau.

In den Tabellen 14 a und 14 b wurden die Aktivitäten mit der Hotelübernachtung korreliert. Besucher, die im Hotel übernachten, entfalten wesentlich mehr Aktivitäten als die anderen, besonders in der Theaterbefragung.

Bei den Museums-Besuchern ist der Unterschied aufgrund des allgemein höheren Aktivitätsniveaus geringer.

Die Tabellen 15 a und 15 b verdeutlichen den Zusammenhang der Aktivitäten mit der Geldausgabe: die durchschnittlichen Ausgaben sind bei den Besuchern am höchsten, die einen Einkauf tätigen, gefolgt von "Stadtbesichtigung" und "Besuch anderer Kultureinrichtungen".

Die Theater-Besucher, die über DM 100,-- ausgeben, haben ein sehr hohes Aktivitätsniveau, dagegen Museums-Besucher bereits bei Ausgaben von über DM 50,--.

In den Tabellen 16 a und 16 b erscheint ein differenziertes Bild des Einflusses der Gruppengröße auf die Aktivitäten. Während unter den Theater-Besuchern "andere Kulturbesuche" und "Stadtbesichtigung" mit der Gruppengröße abnehmen, vermehrt sich die Zahl der Restaurant- und Gaststättenbesuche mit der Gruppengröße. Das allgemeine Aktivitätsniveau ist bei Gruppen mit über 10 Personen gering (wahrscheinlich in Bussen angereiste Besuchergruppen). Unter den Museums-Besuchern nimmt das Aktivitätsniveau mit der Gruppengröße zu.

Als letztes haben wir die Aktivitäten mit dem Alter korreliert (Tab. 17a und 17b). Nur wenige der unter 20-jährigen Theater-Besucher besichtigen andere Kultureinrichtungen oder die Stadt. Über 60-jährige machen dies besonders oft, tätigen häufig Einkäufe und nehmen Dienstleistungen in Anspruch.

Die Gruppe der 20 - 39-Jährigen hat das höchste Aktivitätsniveau und dominiert beim Gaststättenbesuch. Unter den Museums-Besuchern zeigt sich die gleiche Tendenz.

Das Geschlecht hat keinen signifikanten Einfluß auf die Aktivitäten.

Hotelübernachtung (Tabellen 3 a und 3 b):

11 % der Museums-Besucher übernachten in einem Hotel, bei den Theater-Besuchern sind es nur 3 %. Besonders hoch liegt der Wert bei Besuchern des Focke-Museums (17 %), dies kann jedoch aufgrund der kleinen Stichprobe teilweise zufallsbedingt sein. Die Tatsache, daß jeder 10. Museums-Besucher im Hotel über-

nachtet, ist zwar bemerkenswert, doch kann nicht gefolgert werden, ein Museumsbesuch habe die Hotelübernachtung direkt nach sich gezogen. Der Anteil der im Hotel übernachtenden Gäste unter den Besuchern der Theater und Museen ist relativ hoch. Unter den Züricher Theater-Besuchern übernachteten 1,5 bis 4,2 % im Hotel, unter den Wienern hingegen 15 bis 20 %. Die Gäste der Züricher Kunsthalle übernachteten zu 7,8 % im Hotel, auch dieser Wert liegt unter dem in Bremen beobachteten.

Unter den Hotelgästen dominieren die Männer. Mit zunehmendem Alter steigt auch der Anteil der Hotelübernachtungen. Besucher von Kultureinrichtungen, die wegen einer Tagung nach Bremen kommen, übernachten natürlich besonders häufig im Hotel.

Geldausgabe (Tabellen 4 a und 4 b - Abb. 9):

Aus der Zahl der Nennungen in den einzelnen Ausgabenklassen (Nebenausgaben ohne Eintrittskarte) läßt sich ein ungefährer Durchschnitt berechnen. Eine Sensitivitätsprüfung durch verschiedene Berechnungsversionen ergab nur geringe Abweichungen der Durchschnittsbeträge. Da eine Rubrik "keine Ausgaben" im Fragebogen fehlte, haben wir in den Berechnungen DM 3,-- für die Klasse "unter DM 10,--" eingesetzt. Für die mittleren Ausgabengruppen wurde jeweils die Klassenmitte gewählt und für "über DM 100,--" DM 100,-- eingesetzt. Der Unterschied zwischen den mittleren Ausgaben von Museums- und Theater-Besuchern ist relativ gering (24,7 und 22,3 DM). Diese durchschnittliche Geldausgabe entspricht ziemlich genau den Ergebnissen einer aktuellen Wiener Untersuchung (Abele/Bauer 1984). Diese Analyse, die auf einer ähnlich umfangreichen Befragung mit plausiblen Prämissen beruht, kam auf Nebenausgaben von 140 Schilling, das sind ca. DM 20,--. Die sehr hohen Beträge in der Züricher Untersuchung beruhen z.T. auf anderen bzw. teilweise kaum plausiblen Annahmen (Bischof 1984). Nebenausgaben von Theater-Besuchern in St. Gallen in Höhe von 3,9 Franken wurden nur geschätzt (Mennel-Hartung 1984).

Unter den Museums-Besuchern sind die unterste und die oberste Ausgabenklasse häufiger vertreten. Die Theater-Besucher weisen in den Gruppen "DM 10 bis 20" und "DM 20 bis 50" mehr Nennungen auf.

Zwischen den einzelnen Bühnen gibt es keine signifikanten
Unterschiede in der Geldausgabe. Unter den Museen hat das
Focke-Museum mit DM 22,-- Durchschnittsausgaben pro Besucher
den geringsten Durchschnittswert. Die Klasse "unter DM 10"
ist hier wesentlich häufiger vertreten. Unter den Besuchern
von Theatern und Museen steigt die Geldausgabe mit der
Entfernung zum Herkunftsort (Tab. 18a und 18b) und mit dem
Alter der Besucher (Tab. 19a und 19b) an. Unter den Museums-
Gästen steht die Geldausgabe im Zusammenhang mit dem Grund
des Bremen-Besuches. Personen, die wegen einer Tagung nach
Bremen kommen, geben besonders viel Geld aus (Tab. 20).

Die Validität der Durchschnittswerte für die Geldausgaben wird
in den Tabellen 15 a und 15 b belegt. Wenn man unter den Theater-Besuchern alle Personen, die keine Aktivitäten ausüben,
und über DM 10,-- ausgeben, bei der Durchschnittsbewertung
aussondert, ergibt sich immer noch ein Durchschnittsbetrag
von DM 20,-- pro Besucher. Damit ist dieser Betrag also um
Mißverständnisse und bewußte Fehlangaben bereinigt. Beträge
unter DM 10,-- können aus den Fahrtkosten bestehen und sind
damit plausibel. Für die Museums-Besucher bleibt der errech-
nete Durchschnittswert wegen des sehr geringen Anteils nicht-
plausibler Angaben unverändert.

6.2.3 Gründe für Stadt- und Museumsbesuche

Die Hälfte der auswärtigen Museums-Besucher bezeichnete den
Museumsbesuch selbst als eigentlichen Grund, nach Bremen zu
kommen (Tab. 10; Abb. 10a, 10b). Dagegen spielt der Privatbesuch mit 25 % nur eine geringere Rolle. Daneben sind das
Stadtbild (Stadtführung/Bummel) und das Flair der Stadt
(Bremen kennenlernen) wichtige Gründe. D.h. also, für Kulturbesucher spielt auch der Kulturbereich als Besuchsgrund
eine weit größere Rolle als für alle Besucher zusammen
(vgl. Kapitel 2).

Abb. 10 a

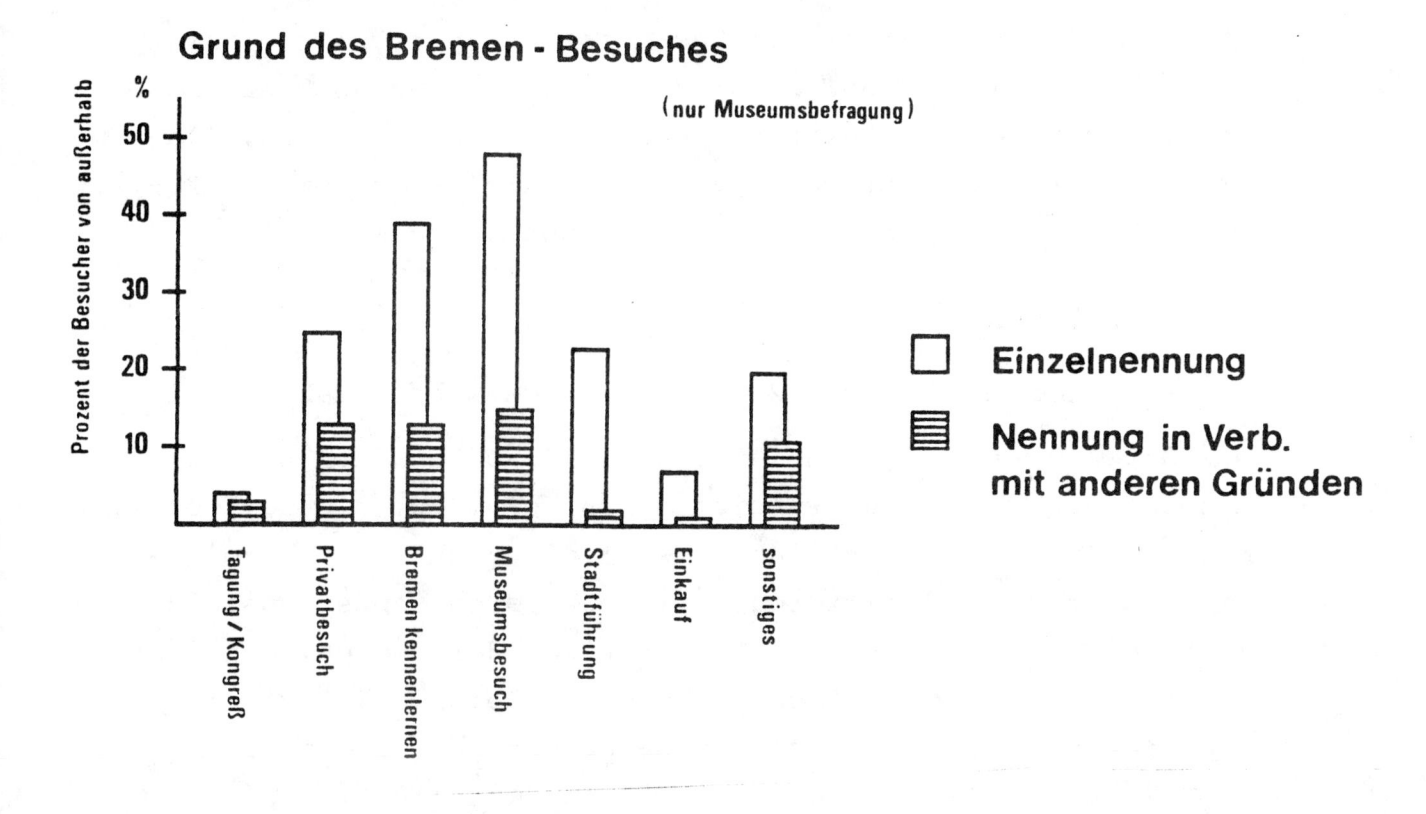

Grund des Bremen-Besuches
(nur Museumsbefragung)

- Einzelnennung
- Nennung in Verb. mit anderen Gründen

Kategorien: Tagung/Kongreß, Privatbesuch, Bremen kennenlernen, Museumsbesuch, Stadtführung, Einkauf, sonstiges

Abb. 10 b

Häufige Kombinationen der Gründe des Bremen-Besuches

Kategorien (von links nach rechts):
- Museum / Bremen kennenlernen
- Stadtführung / Museum / Bremen kennenlernen
- Stadtführung / Museum
- Bremen kennenlernen / Privatbesuch
- Stadtführung / Bremen kennenlernen
- Museum / Privatbesuch
- sonstiges / Bremen kennenlernen
- sonstiges / Museum
- Einkauf / Stadtführung / Museum / Bremen kennenlernen
- sonstiges / Stadtführung / Museum / Bremen kennenlernen
- Stadtführung / Museum / Bremen kennenlernen / Privatbesuch

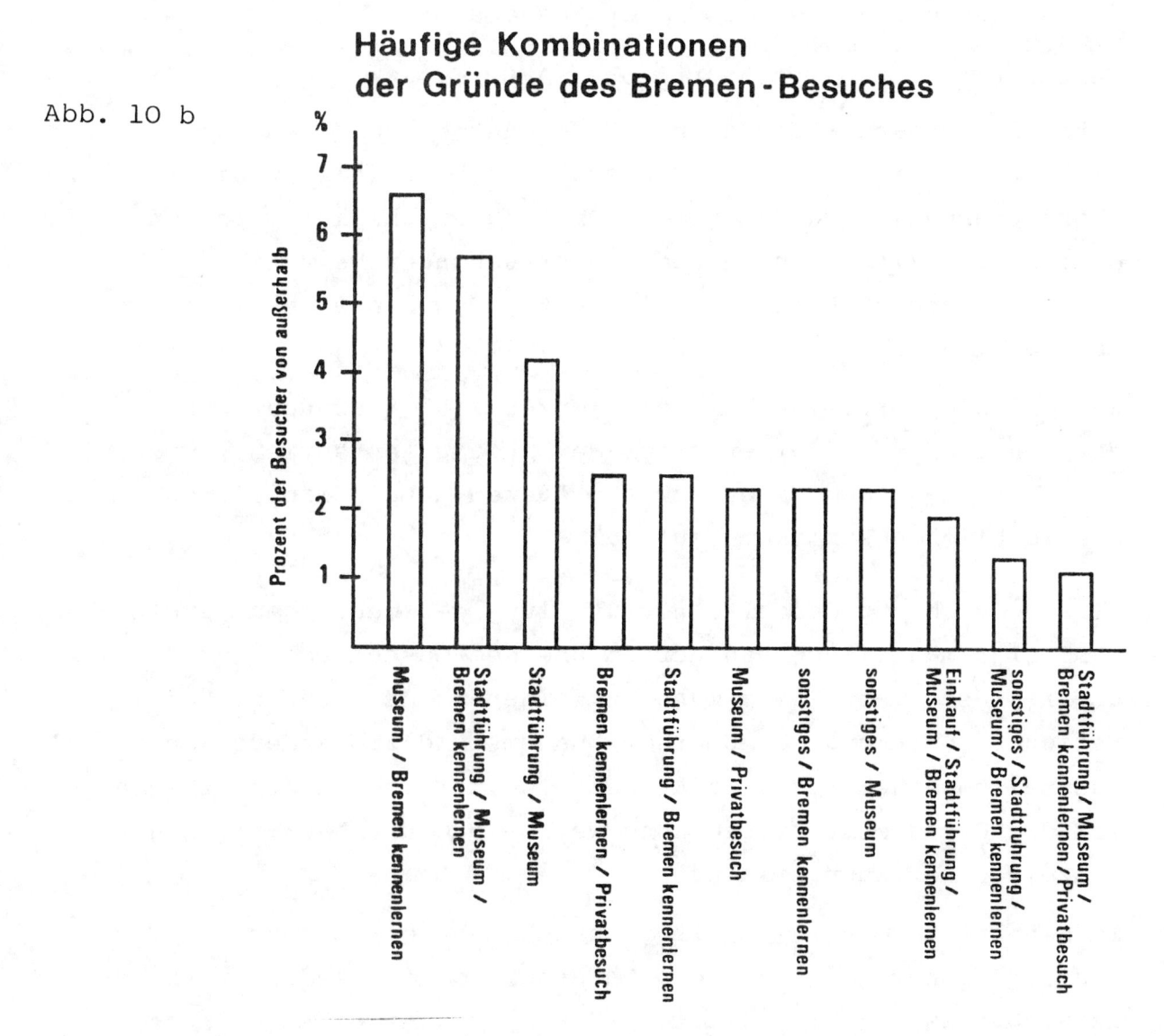

Quelle: Befragung im Juni/Juli 1985

Für mehr als die Hälfte der Gäste ist das persönliche Interesse entscheidender Anlaß für den Museumsbesuch selbst. Dann folgen Berichte von Bekannten und Verwandten. Werbung, Plakate oder Zeitungsberichte haben, jedenfalls in dem Bewußtsein der Besucher, ein geringes Gewicht (Tabelle 11).

Der Teil der Besucher, der wegen einer Sonderausstellung kommt, ist mit 8 % sehr gering. Nur unter den Besuchern der Kunsthalle ist der Anteil mit 20 % wesentlich höher (Tabelle 12).

Die Dauerausstellung scheint für die Besucher des Übersee-Museums mit 42 % am attraktivsten zu sein. Gut die Hälfte der Museums-Besucher (51 %) gab "sowohl als auch" an und zeigte damit eine gewisse Indifferenz. Mit populären Sonderausstellungen ließe sich gleichwohl die Attraktivität der Museen, besonders im Fernbereich, wesentlich verbessern (Beispiel: Hildesheim und Braunschweig, übrigens mit Leihgaben aus Bremen!).

6.2.4 Geschlecht und Alter der Besucher

Geschlecht   (Tabellen 5a und 5b - Abb. 11)

Unter den Theater-Besuchern ist der Anteil der Frauen mit 57 % größer als unter den Museums-Besuchern (51 %). Die leichte Überrepräsentierung der Frauen im Theaterpublikum wird von den anderen zitierten Theater-Untersuchungen bestätigt. Die Geschlechter-Verteilung ist unter den einzelnen Theatern fast gleich (Frauenanteil 55 bis 57 %).

Während die Verteilung im Focke-Museum (57 % Frauen) und in der Kunsthalle (54 %) etwa der der Theater entspricht, weist das Übersee-Museum einen etwas größeren Anteil männlichen als weiblichen Publikums auf (51 %).

Im Vergleich zur Geschlechtsverteilung der deutschen Bevölkerung sind männliche Besucher im Übersee-Museum sogar um 4 % überrepräsentiert. Dies kann zum einen an der stärker überregionalen Wirkung des Übersee-Museums und zum anderen an der Ausstellungsthematik ("Große weite Welt") liegen. Im übrigen ist die Geschlechterverteilung weitgehend unabhängig von den einzelnen Befragungstagen.

Im Schnitt kommen also Kultursubventionen etwas mehr den Frauen als den Männern zugute - ein Unterschied, der jedoch vernachlässigbar ist.

Abb. 11

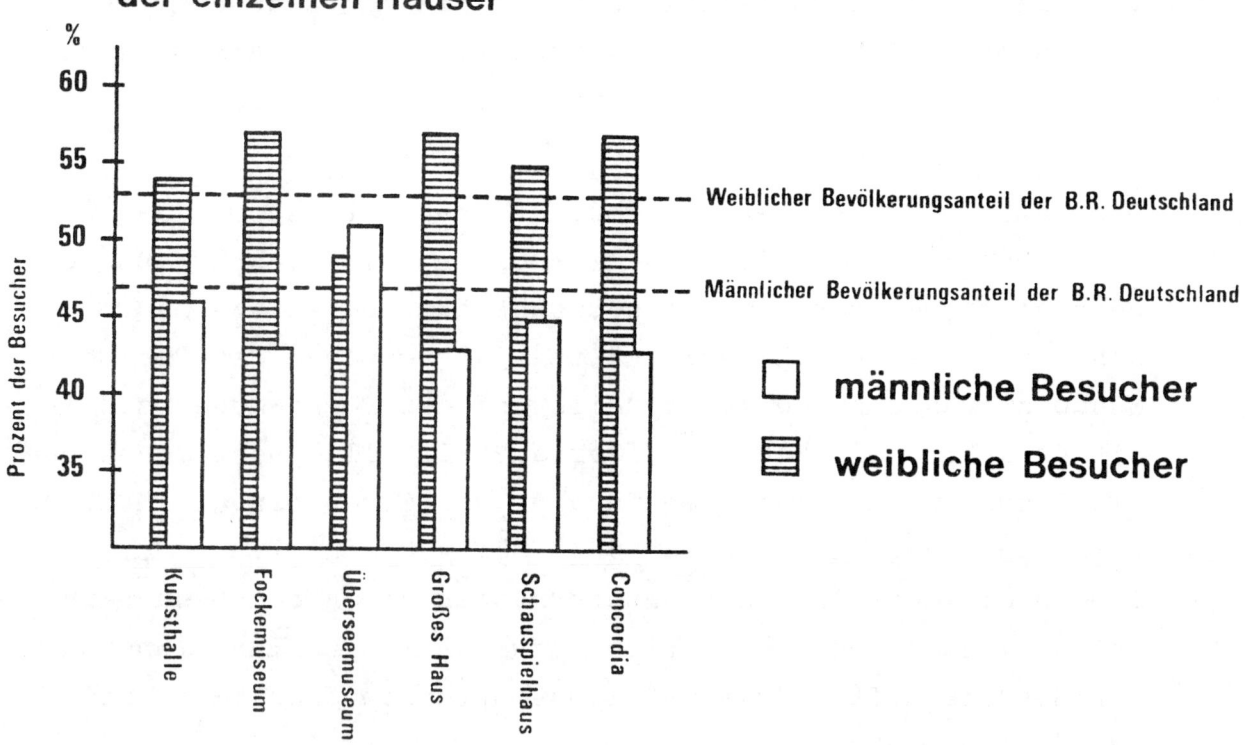

Geschlecht der Theater-/Museumsbesucher der einzelnen Häuser

- - - Weiblicher Bevölkerungsanteil der B.R. Deutschland
- - - Männlicher Bevölkerungsanteil der B.R. Deutschland

□ männliche Besucher
▤ weibliche Besucher

(Häuser: Kunsthalle, Fockemuseum, Überseemuseum, Großes Haus, Schauspielhaus, Concordia)

Abb. 12

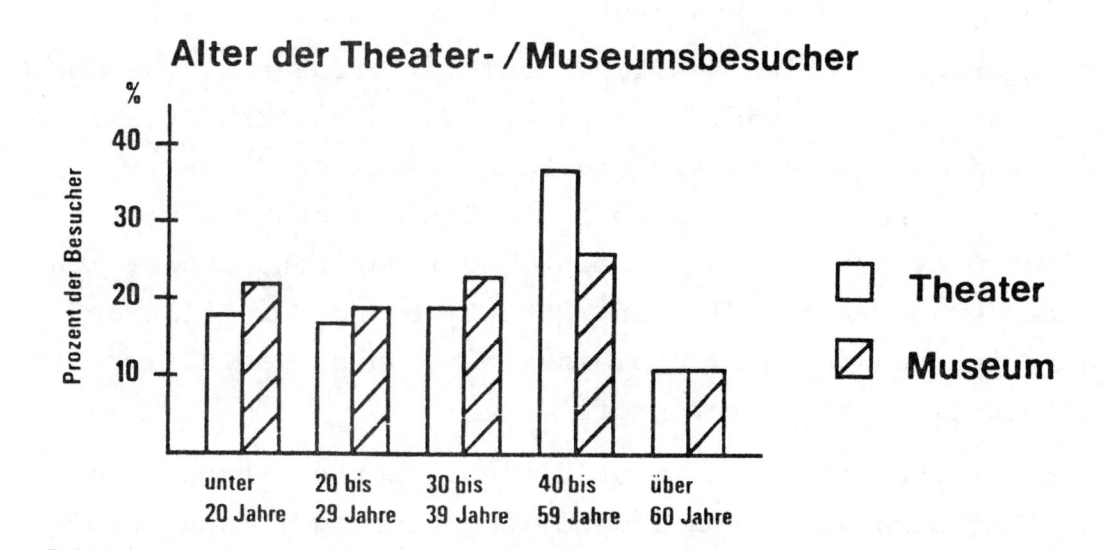

Alter der Theater-/Museumsbesucher

Altersgruppen: unter 20 Jahre, 20 bis 29 Jahre, 30 bis 39 Jahre, 40 bis 59 Jahre, über 60 Jahre

□ Theater
▨ Museum

Quelle: Befragung im Juni/Juli 1985

Alter (Tabellen 6a und 6b - Abb. 12):

Aus den im Fragebogen vorgegebenen Altersklassen haben wir den Durchschnitt bestimmt, indem wir für "unter 20 Jahre" 15 Jahre, für die mittleren Altersklassen jeweils die Klassenmitte und für "über 60 Jahre" 65 Jahre eingesetzt haben. Ein Sensitivitätstext führt zu keinen wesentlichen Unterschieden in den gewählten Zuordnungen.

Das Durchschnittsalter der Theater-Besucher ist mit 39 Jahren etwas höher als das der Museums-Besucher (36 Jahre). Das geringere Alter letzterer Gruppen beruht auf dem mit 34 Jahren sehr niedrigen Durchschnittsalter der Besucher des Übersee-Museums. Besucher der Kunsthalle und des Focke-Museums weisen mit 42 Jahren ein höheres Alter auf als alle Theater-Besucher. Die Besucher der einzelnen Theater variieren bezüglich ihres Durchschnittswertes nur wenig (37 bis 40 Jahre).
Der Anteil der einzelnen Altersgruppen unter den Besuchern von Kultureinrichtungen entspricht etwa der Verteilung innerhalb der Gesellschaft insgesamt. Etwas unterrepräsentiert sind die älteren Jahrgänge.

Die Altersgruppen bis 39 Jahre sind im Museum geringfügig stärker vertreten als im Theater, dagegen umgekehrt die 40 bis 59-Jährigen stärker als im Theater.

Die Anteile variieren stark für die einzelnen Häuser. Im Übersee-Museum sind unter 20-Jährige und 30 bis 39-Jährige häufiger anzutreffen als in den anderen Museen.

Die Theater weisen eine ähnliche hohe Variation auf. Das Goethe-Theater hat erwartungsgemäß einen erheblich höheren Anteil an Kindenr und Jugendlichen als die beiden anderen Häuser, unter deren Besuchern die 20 bis 39-Jährigen stärker vertreten sind. Diese Verteilung scheint trotz der hohen Variation aufgrund der unterschiedlichen Wochentage und Vorstellungen charakteristisch zu sein. Die einzelnen Häuser haben also ein jeweils spezifisches Altersprofil.

Zusammenfassend läßt sich konstatieren: Übersee-Museum und Großes Haus sind stark von Jugendlichen geprägt, Schauspielhaus und Concordia erheblich von 20 bis 39-Jährigen; in der Kunsthalle, im Focke-Museum und im Großen Haus sind besonders viele über 30-Jährige anzutreffen. Insgesamt entspricht die Altersstruktur der Kulturbesucher der der Gesellschaft. Es wird also keine Altersgruppe durch Subventionen bevorzugt (allenfalls durch verbilligte Eintrittskarten).

7. Anmerkungen

1) Vgl. Diskussionspapier "Überschneidungen von Wirtschafts- und Kulturpolitik" des Zentrums für Kulturforschung (ZfK) vom 29.1.1981.

2) siehe Weser-Kurier vom 2.11.1985.

3) Vgl. auch im folgenden Ewers 1985, S. 28/29.

4) Rede des Kultusministers Maier in der Jahreshauptversammlung des Deutschen Bühnenvereins am 10. Juni 1985 in Bremen.

5) Vgl. Wahl-Zieger 1978, S. 11

6) Vgl. Frey/Brugger 1984, S. 13ff.

7) Diskussionspapier-ZfK a.a.O.

8) Vgl. Dt. Bühnenverein, Theaterstatistik 1983/84, 19. Heft.

9) Zimmermann 1975, S. 251.

10) Vgl. Ganser 1970, S. 107.

11) siehe Leserbrief v. Oberbürgermeister Wallmann in: Spektrum der Wissenschaft, August 1985, S. 4.

12) Capital 12/1984, S. 191.

13) F. Torney: Die wirtschaftliche Bedeutung eines Museums für Gegenwartskunst in Bremen, unveröffentl. Ms. Bremen 1985, S. 7.

14) Die Kulturausgaben umfassen folgende Aufgabenbereiche: laufende Ausgaben für Kulturverwaltung, Wissenschaft und Forschung (für nur dem Land obliegende Förderung), Museen, Sammlungen, Ausstellungen, Theater, Konzerte, Musikpflege, sonstige Kulturpflege, Volksbildung, Heimatpflege u. Kirchen; außerdem einmalige Ausgaben für dieselben Bereiche. Betrachtet man nur die laufenden Ausgaben für Kulturverwaltung, Museen, Sammlungen, Ausstellungen, Theater, Konzerte, Musik- und sonstige Kunstpflege, so schneidet Bremen etwas besser ab; dieser Anteil am Gesamthaushalt betrug 1983 in Berlin 1,5 %, in Hamburg 1,7 % und in Bremen 1,4 %. Allerdings gaben die Gemeinden mit 0,5 Mio. und mehr Einwohnern durchschnittlich 3,8 % aus.
Vgl. Statist. Jb. dt. Gemeinden 1983, S. 180/181.

15) Wahl-Zieger a.a.O., S. 217.

16) New York Times, 15.8.1965, zit. nach: Wahl-Zieger, a.a.O., S. 216.

17) siehe Ganser a.a.O., S. 104ff.

18) Fürst/Zimmermann/Heinsmeyer 1973, S. 105.

19) Hamburg: Maßnahmen zur Verbesserung der allgemeinen wirtschaftlichen Standortbedingungen Hamburgs, unveröffentl. Manuskript, Hamburg 1984.

20) Deiters 1982, S. 583.

21) Blotevogel/Hommel 1980, S. 55f.

22) Taubmann 1980, S. 207.

23) GEWOS: Gutachten zu Stärkung des Fremdenverkehrs in der Freien Hansestadt Bremen - Kurzfassung, Hamburg 1980, S. 2.

24) Eick 1983, S. 6.

25) Heinritz 1979, S. 19.

26) Das Umland der Stadt wird mit der Planungsregion "Unterweserraum" gleichgesetzt. Vgl. dazu Karte.

27) Das harmonische Mittel wird wie folgt berechnet:

$$\sum N_i / \sum (N_i/f_i)$$

f_i = Anzahl der angegebenen Besuche/Jahr

N_i = Anzahl Personen in dieser Kategorie

28) mc Markt-Consult Institut für Strukturforschung und Marketingberatung 1985.

29) Vgl. "Musikatlas" Baden-Württemberg 1985, S. 1/2.

30) The Cultural Assistance Center 1983.

31) The ratio of total direct effects to total operating expenditures. Ausnahme: Salt Lake City mit 0,99. Die Werte im einzelnen: Columbus 1,49; Minneapolis/St. Paul 1,31; St. Louis 1,5; San Antonio 1,23; Springfield 1,57.

32) Vgl. Statistisches Bundesamt: Einnahmen und Ausgaben ausgewählter privater Haushalte 1984, Wirtschaftsrechnung, FS 15, R. 1, Wiesbaden 1985, S. 20-23: Haushaltstyp 2: Vierpersonenhaushalte von Arbeitnehmern mit mittlerem Einkommen des Ehemannes; Haushaltstyp 3: Vierpersonenhaushalte von Beamten und Angestellten mit höherem Einkommen.

33) Vgl. dazu Cwi 1982, S. 22ff.

8. Literaturverzeichnis

Abele, H.; H. Bauer: Die Bundestheater in der österreichischen Wirtschaft. Wien 1984.

Bahn, V.: Das subventionierte Theater der Bundesrepublik Deutschland. Diss., Berlin 1972.

Baird, N.: The Arts in Vancouver: A Multi-Million-Dollar Industry. Vancouver 1976 (Centre for Communications and the Arts, Simon Fraser University).

Baumol, W.J.; W.G. Bowen: Performing Arts: The Economic Dilemma, A study of problems common to theater, opera, music and dance, New York 1966.

Berger, S.: Das Interesse am Theater. Diss., München 1976.

Bischof, P. Daniel: Die wirtschaftliche Bedeutung der Zürcher Kulturinstitute. Zürich 1985 (J. Bär-Stiftung).

Blaukopf, K.: Theaterökonomie, Massenmedien und Kulturpolitik, in: Neue Züricher Zeitung, 12.6.1982, Fernausgabe Nr. 132, S. 9.

Borger, U.; T. Schaub: Verteilungswirkungen der öffentlichen Haushalte von Bund, Kantonen und Gemeinden 1977, Basel 1980.

Blotevogel, H.H.; M. Hommel: Struktur und Entwicklung des Städtesystems, in: Geogr. Rundschau, H. 4, 1980, S. 155-164.

Bodenstedt, W.; M. Herber: Die kulturelle Attraktivität deutscher Städte für Image und Fremdenverkehr, in: Der Städtetag, H. 11, 1983, S. 722-726.

Brede, Helmut: Bestimmungsfaktoren industrieller Standorte - Eine empirische Untersuchung, Berlin 1971.

Capital-Städtevergleich: Berliner Luft, in Capital 12/84, S. 186-213.

Christaller, W.: Die zentralen Orte in Süddeutschland - Eine ökonomisch-geographische Untersuchung über die Gesetzmäßigkeit der Verbreitung und Entwicklung der Siedlungen mit städtischen Funktionen. Jena 1933, 3.unveränd. Aufl., Darmstadt 1968.

Cwi, D.: The Focus and Impact of Arts Impact Studies, in: C. Violette/R. Taqqu (Eds.): Issues in Supporting the Arts, Washington 1981, S. 22-25.

Deiters, J.: Zentrale Orte, in: Jander, L.; W. Schramke; H.J. Wenzel (Hrsg.): Metzler Handbuch für den Geographieunterricht, Stuttgart 1982, S. 583.

Ewers, H.-J.: Sterben die alten Industriestädte? In: Spektrum der Wissenschaft. Mai 1985, S. 28-29.

Fohrbeck, K.; A.J. Wiesand: Kulturelle Öffentlichkeit in Bremen. Bremer Beiträge zur Kulturpolitik, Bd. 4, Bremen 1980.

Fohrbeck, K.; A.J. Wiesand: Musik, Statistik, Kulturpolitik. Köln 1982.

Forschungsprojekt Musikkarte Baden-Württemberg: Musikatlas Baden-Württemberg. 1985.

Frey, René L.; Ernst A. Brugger (Hrsg.): Infrastruktur, Spillovers und Regionalpolitik. Methode und praktische Anwendung der Inzidenzanalyse in der Schweiz. Diessenhofen 1984.

Fürst, D.: Die Standortwahl industrieller Unternehmen: Ein Überblick über empirische Erhebungen. In: Jahrbuch für Sozialwissenschaft, Bd. 22, 1971, S. 189-220.

Fürst, D.; K. Zimmermann: Standortwahl industrieller Unternehmen. Hrsgg. v. der Gesellschaft für Regionale Strukturentwicklung, Bonn 1973.

Ganser, K.: Image als entwicklungsbestimmendes Steuerungsinstrument, in: Stadtbauwelt, H. 26, 1970, S. 104-109.

Gesellschaft für Angewandte Sozialpsychologie (GETAS): Bremen - Darstellung und Analyse seines Images, Bd. I, Bericht und Tabellenteil, Bremen 1969.

GETAS: Kurzbefragung zur Stadt Bremen, Bremen 1977/1983.

Gesellschaft für Wohnungs- und Siedlungswesen mbH (GEWOS): Gutachten zur Stärkung des Fremdenverkehrs in der Freien Hansestadt Bremen - Kurzfassung, Hamburg 1980.

Gunzert, R.: Theaterumfrage bei den städtischen Bühnen Frankfurts, Frankfurt 1970. Veröffentlicht in: "Bilderbuch 1971" der städt. Bühnen Frankfurts.

Hamburg: Maßnahmen zur Verbesserung der allgemeinen wirtschaftlichen Standortbedingungen Hamburgs, September 1984.

Hamburg (Kulturbehörde - H.J. Fläschner): Ausgaben für die Bereiche Kunst- und Kulturpflege. Hamburg 1985.

Hansmeyer, K.H.; D. Fürst: Standortfaktoren industrieller Unternehmen. Eine empirische Untersuchung. In: Informationen. Institut für Raumordnung, Bad Godesberg 1970, S. 481-492.

Heinritz, G.: Zentralität und zentrale Orte. Stuttgart 1979.

Hendry, T.: Cultural Capital: The Care and Feeding of Toronto's Artistic Assets. Toronto 1985.

Henke, K.D.: Methodische Probleme bei der Analyse der regionalen Inzidenz öffentlicher Ausgaben. In: Räumliche Wirkungen öffentlicher Ausgaben. Hannover 1975.

Hohenemser, P.: Verteilungswirkungen staatlicher Theaterfinanzierung. Ein Beitrag zur Theorie der Ausgabeninzidenz. Frankfurt a.M. 1984.

Institut für angewandte Sozialwissenschaft (INFAS): Image und Attraktivität von deutschen Städten. - Eine vergleichende Untersuchung bei der Bevölkerung der Bundesrepublik. Bonn-Bad Godesberg 1981.

Institut für Demoskopie Allensbach GmbH: Wohnwünsche der Bundesbürger, in: Capital-Städtevergleich: Berliner Luft,Capital 12/1984, S. 188.

Institut für Markt- und Meinungsforschung (EMNID): Die beliebteste Großstadt in der Bundesrepublik. Bielefeld 1964, 1982, 1984.

Ismayr, W.: Kulturförderung zwischen Neuorientierung und Sparzwängen. In: Aus Politik und Zeitgeschichte, B 27/84, 27.7.1984.

Jacoby, R.: Musikkultur als Wirtschaftsfaktor - Musikwirtschaft als Kulturfaktor, in: Musik und Bildung, 1983, S. 4ff.

Jonas, L.: Die Finanzierung der öffentlichen Theater in der Bundesrepublik Deutschland. Diss., Mainz 1972.

Köln, Statistisches Amt: Bremen-Besucher - Struktur und Motivation. Köln 1984.

Kreibich, B.: Regionalwirtschaftliche Wirkungen großer Verkehrseinrichtungen und wie man sie mißt. In: Feller, G.; W. Taubmann (Hrsg.): Meere und Küstenräume, Häfen und Verkehr - Vorträge und Arbeitsberichte, 17. Deutscher Schulgeographentag, Bremen 1980, Bremen 1982.

Maier, H.: Rede in der Jahreshauptversammlung des Deutschen Bühnenvereins am 10. Juni 1985 in Bremen (Ms.).

Markt-Consult. Institut für Strukturforschung und Marketingberatung: Regionalwirtschaftliche Effekte der Förderung von Gastspielen im Hamburger Operettenhaus. Hamburg 1985 (Projekt 774.84).

Mennel-Hartung, E.: Stadttheater St. Gallen. In: Frey, R.L.; E.A. Brugger: Infrastruktur, Spillovers und Regionalpolitik. Diessenhofen 1984, S.

Monheim, H.: Die Attraktivität deutscher Städte - Ein Faktor für die betriebliche Standortwahl, Diss., München 1972.

Monheim, H.: Zur Attraktivität deutscher Städte - Einflüsse von Ortspräferenzen auf die Standortwahl von Bürobetrieben. In: Informationen des Instituts für Raumordnung, 22, 1972, S. 289-296.

National Endowment for the Arts: Economic Impact of Arts and Cultural Institutions, Washington, D.C. 1981.

Paul, A.: Ist das subventionierte Theater noch zu retten? In: Schwencke, O.; K.H. Reverman; A. Spielhoff (Hrsg.): Plädoyers für eine neue Kulturpolitik, München 1974, S. 174-179.

Peacock, A.T.: Welfare Economics and Public Subsidies to the Arts, in: The Manchester School of Economic and Social Studies, Vol. 37, No. 4, 1969, S. 323-335.

Saul Pleeter (Hrsg.): Economic Impact Analysis: Methodology and Applications. Boston 1980.

Scheele, U.; H. Schmidt: Regionale Wirkungen von Hochschulen - Eine Untersuchung am Beispiel der Universität Oldenburg. Unveröffentl. Diplomarbeit im Studiengang Diplom-Ökonomie, Oldenburg 1980.

Schubert-Riese, B.: Kultur in Städten, in: Städte- und Gemeindebund 8/1980.

Shanahan et.al. (Eds.): Economic Support for the Arts. The University of Akron. Akron/Ohio 1983.

Taubmann, W.: Bremen - Entwicklung und Struktur der Stadtregion, in: Geogr. Rundschau 32, 1980, S. 206-218.

Wahl-Zieger, E.: Theater und Orchester zwischen Marktkräften und Marktkorrektur - Existenzprobleme und Überlebenschancen eines Sektors aus wirtschaftstheoretischer Sicht, Göttingen 1978.

Wiesand, A.J.; K. Fohrbeck: Musiktheater - Schreckgespenst oder öffentliches Bedürfnis? Bevölkerungsumfragen zur Kulturpolitik und zum Musiktheater, in: Deutsche Bühnengenossenschaft, Oktober 1975.

Zimmermann, K.: Zum Image-Konzept in der Stadtentwicklungsplanung, in: Archiv für Kommunalwissenschaften, 12, 1972, S. 288-310.

Zimmermann, K.: Zur Imageplanung von Städten - Untersuchungen zu einem Teilgebiet Kommunale Entwicklungsplanung. Diss., Köln 1975.

9. **Tabellenanhang**

Tabelle : 1 a

Theater

Herkunft der Besucher (Prozent)

	Großes Haus Sa. 9.6. 1)	Großes Haus Do. 13.6. 2)	Großes Haus Fr. 14.6. 3)	Großes Haus ges.	Schau-spiel-haus Sa. 15.6. 4)	Schau-spiel-haus So. 16.6. 5)	Schau-spiel-haus Do. 20.6. 6)	Schau-spiel-haus ges.	Concor-dia Mi. 19.6. 7)	Concor-dia Sa. 22.6. 8)	Concor-dia So. 23.6. 9)	Concor-dia ges.	Theater ges.	Museen ges.
Bremen-Stadt	46	60	50	50	60	61	58	60	60	68	58	62	54	27
Bremen-Nord	12	5	7	9	5	11	3	7	4	6	0	3	8	2
Außerhalb	42	35	43	41	35	28	39	33	34	27	42	34	38	71
Umland	28	22	20	24	20	11	19	16	14	8	23	16	21	15
Übrige BRD	6	1	8	6	9	11	13	11	8	11	6	8	7	40
Ausland	2	1	2	1	1	1	0	1	3	0	0	1	1	5
Anzahl Befragte	597	358	550	1505	219	221	136	576	77	83	86	246	2327	746

1) Aida
2) Lysistrate
3) Der Vogelhändler
4) Man lebt nur einmal
5) Rotter
6) Die einzige Geschichte
7)-9) Föhn

Tabelle : 1 b   Museen

Herkunft der Besucher (Prozent)

	Kunsthalle So.9.6. u. Di. 11.6. 1985	Kunsthalle Di.2.7. 1985	Kunsthalle ges.	Fockemuseum So.2.6. 1985	Fockemuseum Di.4.6. 1985	Fockemuseum Do.6.6. 1985	Fockemuseum ges.	Überseemuseum Do.6.6. 1985	Überseemuseum So.9.6. 1985	Überseemuseum Mi.12.6. 1985	Überseemuseum ges.	Museen ges.	Theater ges.
Bremen Stadt	57	23	49	20	46	42	29	8	27	9	19	27	54
Bremen-Nord	4	0	3	0	0	4	1	2	0	4	2	2	8
Außerhalb	37	77	47	80	55	54	70	90	73	88	80	71	38
Umland	7	21	10	13	9	15	13	5	26	3	17	15	21
Übrige BRD	21	30	23	33	27	27	31	59	38	64	48	40	7
Ausland	3	5	4	13	9	8	11	8	2	5	4	5	1
Anzahl Befragte	122	43	165	64	11	26	101	92	265	116	480	746	2327

Tabelle 2 a

Theater

Aktivitäten der Besucher

(Prozent)

	Großes Haus Sa. 1) 9.6.	Großes Haus Do. 2) 13.6.	Großes Haus Fr. 3) 14.6.	Großes Haus ges.	Schauspielhaus Sa. 4) 15.6.	Schauspielhaus So. 5) 16.6.	Schauspielhaus Do. 6) 20.6.	Schauspielhaus ges.	Concordia Mi. 7) 19.6.	Concordia Sa. 8) 22.6.	Concordia So. 9) 23.6.	Concordia ges.	Theater ges.	Museen ges.
Besuch anderer Kultureinrichtungen	4	5	2	4	6	5	7	6	7	7	4	6	4	
Stadtbesichtigung	3	2	2	2	5	6	3	5	5	0	1	2	3	45
Einkauf	2	7	3	4	1	2	6	3	8	0	5	4	3	15
Beanspruchung von Dienstleistungen (z.B. Friseur, Bibliothek, Arzt)	2	1	2	2	1	3	3	2	4	0	6	3	2	
Restaurant-, Gaststätten-, Café-Besuch	25	41	39	34	44	42	37	42	40	36	33	36	36	25
Sonstiges	6	11	7	8	14	12	14	13	16	11	12	13	9	33
Nein	66	45	52	56	41	46	53	46	43	53	62	53	53	23
Anzahl Befragte	597	358	550	1505	219	221	136	576	77	83	86	246	2327	746

1) Aida
2) Lystrate
3) Der Vogelhändler
4) Man lebt nur einmal
5) Rotter
6) Die einzige Geschichte
7)-9) Föhn

Tabelle : 2 b   Museen

Aktivitäten der Besucher
(Prozent)

	Kunst-halle So.9.6. u. Di. 11.6. 1985	Kunst-halle Di.2.7. 1985	Kunst-halle ges.	Focke-museum So.2.6. 1985	Focke-museum Di.4.6. 1985	Focke-museum Do.6.6. 1985	Focke-museum ges.	Über-see-museum Do.6.6 1985	Über-see-museum So.9.6. 1985	Über-see-museum Mi.12.6. 1985	Über-see-museum ges.	Museen ges.	Theater ges.
Andere Museums-besuche	16	33	20	25	36	38	30	14	9	16	12	16	
Theater, Konzerte etc.	10	2	8	6	0	8	6	2	2	3	3	4	
Stadtbesichtigung	16	53	26	48	45	38	46	70	37	70	52	45	3
Einkauf	16	23	18	19	18	12	17	33	6	12	14	15	3
Restaurant-, Gaststätten-Café-Besuch	22	30	24	38	9	15	29	33	23	22	25	25	36
Sonstiges	32	30	32	44	18	27	37	22	34	35	32	33	9
Nein	34	9	28	17	36	31	23	9	31	10	21	23	53
Anzahl Befragte	122	43	165	64	11	26	101	99	265	116	480	746	2327

Tabelle : 3 a

Theater

Hotelübernachtung (Prozent)

	Großes Haus Sa. 9.6. 1)	Großes Haus Do. 13.6. 2)	Großes Haus Fr. 14.6. 3)	Großes Haus ges.	Schauspielhaus Sa. 15.6. 4)	Schauspielhaus So. 16.6. 5)	Schauspielhaus Do. 20.6. 6)	Schauspielhaus ges.	Concordia Mi. 19.6. 7)	Concordia Sa. 22.6. 8)	Concordia So. 23.6. 9)	Concordia ges.	Theater ges.	Museen ges.
Hotel	4	3	2	3	4	5	2	3	4	1	0	2	3	11
Kein Hotel	94	94	91	93	94	91	92	92	94	95	93	94	93	79
Keine Angabe	3	3	8	5	3	5	7	4	3	4	7	4	5	11
Anzahl Befragte	597	358	550	1505	219	221	138	576	77	83	86	246	2327	746

1) Aida
2) Lysistrate
3) Der Vogelhändler
4) Man lebt nur einmal
5) Rotter
6) Die einzige Geschichte
7)-9) Föhn

Tabelle : 3 b

Museen

Hotelübernachtung

(Prozent)

	Kunst-halle So.9.6. u. Di. 11.6. 1985	Kunst-halle Di.2.7. 1985	Kunst-halle ges.	Focke-museum So.2.6. 1985	Focke-museum Di.4.6. 1985	Focke-museum Do.6.6. 1985	Focke-museum ges.	Über-see-museum Do.6.6. 1985	Über-see-museum So.9.6. 1985	Über-see-museum Mi.12.6. 1985	Über-see-museum ges.	Museen ges.	Theater ges.
Hotel	7	19	10	25	9	0	17	14	8	9	9	11	3
Kein Hotel	66	70	67	67	73	85	72	82	85	84	84	79	93
Keine Angabe	26	12	22	8	18	15	11	4	7	7	6	11	6
Anzahl Befragte	122	43	165	64	11	26	101	99	265	116	480	746	2327

Tabelle : 4 a

Theater

Geldausgabe (Ausgabenklassen in Prozent)

	Großes Haus Sa. 1) 9.6.	Großes Haus Do. 2) 13.6.	Großes Haus Fr. 3) 14.6.	Großes Haus ges.	Schauspielhaus Sa. 4) 15.6.	Schauspielhaus So. 5) 16.6.	Schauspielhaus Do. 6) 20.6.	Schauspielhaus ges.	Concordia Mi. 7) 19.6.	Concordia Sa. 8) 22.6.	Concordia So. 9) 23.6.	Concordia ges.	Theater ges.	Museen ges.
Keine Angabe	2	5	6	4	2	4	4	3	1	2	2	2	4	10
unter 10 DM	38	39	29	35	34	32	31	32	33	29	41	34	34	42
10 - 20 DM	29	28	26	28	31	32	33	32	33	31	23	29	29	20
20 - 50 DM	22	22	28	24	28	24	24	26	21	27	27	25	25	13
50 - 100 DM	6	5	8	6	2	4	3	3	7	7	7	7	6	5
über 100 DM	4	1	3	3	3	5	5	4	7	4	0	3	3	10
Durchschnittliche Geldausgabe (DM)	21,8	19,0	25,4	22,4	20,4	22,6	22,6	21,8	24,8	24,5	19,8	22,9	22,3	24,7
Anzahl Befragte	597	358	550	1505	219	221	136	576	77	83	86	246	2327	746

1) Aida
2) Lysistrate
3) Der Vogelhändler
4) Man lebt nur einmal
5) Rotter
6) Die einzige Geschichte
7)-9) Föhn

Tabelle : 4 b

Museen

Geldausgabe

(Ausgabenklassen in Prozent)

	Kunsthalle So.9.6. u. Di. 11.6. 1985	Kunsthalle Di.2.7. 1985	Kunsthalle ges.	Fockemuseum So.2.6. 1985	Fockemuseum Di.4.6. 1985	Fockemuseum Do.6.6. 1985	Fockemuseum ges.	überseemuseum Do.6.6. 1985	überseemuseum So.9.6. 1985	überseemuseum Mi.12.6. 1985	überseemuseum ges.	Museen ges.	Theater ges.
Keine Angabe	19	19	19	11	18	15	13	3	8	6	6	10	4
Unter 10 DM	50	12	40	52	45	62	54	25	50	34	41	42	34
10 bis 20 DM	7	19	10	8	27	12	11	29	23	24	25	20	29
20 bis 50 DM	10	26	14	11	0	4	8	15	9	25	14	13	25
50 bis 100 DM	4	5	4	9	9	4	8	12	3	3	5	5	6
über 100 DM	8	21	12	9	0	4	7	15	7	9	9	10	3
Durchschnittliche Geldausgabe (DM)	23,4	44,9	29,0	25,8	15,0	13,8	21,7	35,8	18,8	25,5	24,0	24,7	22,3
Anzahl Befragte	122	43	165	64	11	26	101	99	265	116	480	746	2327

Theater

Geschlecht der Besucher

(Prozent)

	Großes Haus Sa. 9.6. 1)	Großes Haus Do. 13.6. 2)	Großes Haus Fr. 14.6. 3)	Großes Haus ges.	Schau-spiel-haus Sa. 15.6. 4)	Schau-spiel-haus So. 16.6. 5)	Schau-spiel-haus Do. 20.6. 6)	Schau-spiel-haus ges.	Concor-dia Mi. 19.6. 7)	Concor-dia Sa. 22.6. 8)	Concor-dia So. 23.6. 9)	Concor-dia ges.	Theater ges.	Museen ges.
weiblich	57	57	58	57	57	54	57	55	58	56	58	57	57	51
männlich	43	43	42	43	43	46	43	45	42	44	42	43	43	49
Anzahl Befragte	597	358	550	1505	219	221	136	576	77	83	86	246	2327	746

1) Aida
2) Lysistrate
3) Der Vogelhändler
4) Man lebt nur einmal
5) Rotter
6) Die einzige Geschichte
7)-9) Föhn

Tabelle : 5 b   Museen

Geschlecht der Besucher
(Prozent)

	Kunst-halle So.9.6. u. Di. 11.6. 1985	Kunst-halle Di.2.7. 1985	Kunst-halle ges.	Focke-museum So.2.6. 1985	Focke-museum Di.4.6. 1985	Focke-museum Do.6.6. 1985	Focke-museum ges.	Über-see-museum Do.6.6. 1985	Über-see-museum So.9.6. 1985	Über-see-museum Mi.12.6. 1985	Über-see-museum ges.	Museen ges.	Theater ges.
weiblich	57	39	54	55	58	59	57	46	50	49	49	51	57
männlich	43	61	46	45	42	41	43	54	50	51	51	49	43
Anzahl Befragte	122	43	165	64	11	26	101	99	265	116	480	746	2327

Tabelle : 6 a

Theater

Alter der Besucher

Altersklassen in Prozent

	Großes Haus Sa. 9.6. 1)	Großes Haus Do. 13.6. 2)	Großes Haus Fr. 14.6. 3)	Großes Haus ges.	Schauspielhaus Sa. 15.6. 4)	Schauspielhaus So. 16.6. 5)	Schauspielhaus Do. 20.6. 6)	Schauspielhaus ges.	Concordia Mi. 19.6. 7)	Concordia Sa. 22.6. 8)	Concordia So. 23.6. 9)	Concordia ges.	Theater ges.	Museen ges.
Unter 20 J.	27	32	14	24	11	8	8	9	8	4	2	4	18	22
20 bis 29 J.	14	22	10	14	22	19	20	19	29	24	28	27	17	19
30 bis 39 J.	13	17	13	14	19	19	27	26	39	35	33	35	19	23
40 bis 59 J.	36	24	47	38	41	41	30	37	25	34	29	29	37	26
60 u. älter	12	6	16	12	9	5	15	9	1	3	9	4	11	11
Durchschnittsalter	38	32	43	39	40	36	40	40	35	38	39	37	39	36
Anzahl Befragte	597	358	550	1505	219	221	136	576	77	83	86	246	2327	746

1) Aida
2) Lysistrate
3) Der Vogelhändler
4) Man lebt nur einmal
5) Rotter
6) Die einzige Geschichte
7)-9) Föhn

Tabelle : 6 b   Museen

Alter der Besucher
(Altersklassen in Prozent)

	Kunst-halle So.9.6. u. Di. 11.6. 1985	Kunst-halle Di.2.7. 1985	Kunst-halle ges.	Focke-museum So.2.6. 1985	Focke-museum Di.4.6. 1985	Focke-museum Do.6.6. 1985	Focke-museum ges.	Über-see-museum Do.6.6 1985	Über-see-museum So.9.6. 1985	Über-see-museum Mi.12.6. 1985	Über-see-museum ges.	Museen ges.	Theater ges.
Unter 20 J.	13	7	12	10	13	18	13	25	22	37	27	22	18
20 bis 29 J.	24	13	21	23	0	14	18	13	25	12	19	19	17
30 bis 39 J.	16	11	15	20	33	7	19	22	27	23	25	23	19
40 bis 59 J.	34	35	35	29	20	43	31	33	20	19	23	26	37
60 J. u. älter	12	33	18	18	33	18	20	7	6	9	7	11	11
Durchschnitts-alter	38	47	42	40	45	42	42	36	33	31	34	36	39
Anzahl Befragte	122	43	165	64	11	26	101	99	265	116	480	746	2327

Theater

Gruppengröße (Größenklassen in Prozent)

	Großes Haus Sa. 1) 9.6.	Großes Haus Do. 2) 13.6.	Großes Haus Fr. 3) 14.6.	Großes Haus ges.	Schauspielhaus Sa. 4) 15.6.	Schauspielhaus So. 5) 16.6.	Schauspielhaus Do. 6) 20.6.	Schauspielhaus ges.	Concordia Mi. 7) 19.6.	Concordia Sa. 8) 22.6.	Concordia So. 9) 23.6.	Concordia ges.	Theater ges.	Museen ges.
1 Person				27,6				29,9				24,8	27,2	26,7
2 Personen				40,2				48,8				38,4	41,1	31,6
3-5 Personen				21,1				18,4				32,6	21,1	21,8
6-10 Personen				3,9				2,5				4,1	3,5	2,9
über 10 Personen				7,2				0				0	4,6	13,3
Durchschnittsgröße	4,2	4,4	4,8	4,4	2,4	1,9	2,2	2,2	2,3	2,6	2,8	2,6	3,7	5,8
Anzahl Befragte	597	358	550	1505	219	221	136	576	77	83	86	246	2327	746

1) Aida
2) Lysistrate
3) Der Vogelhändler
4) Man lebt nur einmal
5) Rotter
6) Die einzige Geschichte
7)-9) Föhn

Tabelle : 7 b

Museen

Gruppengröße (Größenklassen in Prozent)

	Kunst-halle So.9.6. u. Di. 11.6. 1985	Kunst-halle Di.2.7. 1985	Kunst-halle ges.	Focke-museum So.2.6. 1985	Focke-museum Di.4.6. 1985	Focke-museum Do.6.6. 1985	Focke-museum ges.	Über-see-museum Do.6.6. 1985	Über-see-museum So.9.6. 1985	Über-see-museum Mi.12.6. 1985	Über-see-museum ges.	Museen ges.	Theater ges.
Durchschnitts-größe	2,8	5,9	3,5	3,0	5,5	4,0	4,1	5,2	4,9	11,9	7,0	5,8	3,7
1 Person			60,9				27,3				16,6	26,7	27,2
2 Personen			21,2				36,4				36,0	31,6	41,1
3-5 Personen			8,3				26,3				26,7	21,8	21,1
6-10 Personen			3,2				10,1				3,7	2,9	3,5
über 10 Personen			6,4				0				17,0	13,3	4,6
Anzahl Befragte	122	43	165	64	11	26	101	99	265	116	480	746	2327

Tabelle:

Theater

Anzahl besuchte Vorstellungen je Befragten und Jahr

	Großes Haus Sa. 1) 9.6.	Großes Haus Do. 2) 13.6.	Großes Haus Fr. 3) 14.6.	Großes Haus ges.	Schauspielhaus Sa. 4) 15.6.	Schauspielhaus So. 5) 16.6.	Schauspielhaus Do. 6) 20.6.	Schauspielhaus ges.	Concordia Mi. 7) 19.6.	Concordia Sa. 8) 22.6.	Concordia So. 9) 23.6.	Concordia ges.	Theater ges.
Arith. Mittel	7,9	7,0	7,1	7,4	8,8	7,8	9,3	8,6	6,7	8,5	7,3	7,5	7,8
Harmonisches Mittel	4,1	3,1	3,4	3,6	5,5	4,0	5,0	4,7	4,2	4,1	5,0	4,4	3,9
Anzahl Befragte	597	358	550	1505	219	221	136	576	77	83	86	246	2327

1) Aida
2) Lysistrate
3) Der Vogelhändler
4) Man lebt nur einmal
5) Rotter
6) Die einzige Geschichte
7)-9) Föhn

Tabelle: 9

Theater

Mitgliedschaft in einer theaterbezogenen Vereinigung (Prozent)

	Großes Haus Sa. 9.6. 1)	Großes Haus Do. 13.6. 2)	Großes Haus Fr. 14.6. 3)	Großes Haus ges.	Schauspielhaus Sa. 15.6. 4)	Schauspielhaus So. 16.6. 5)	Schauspielhaus Do. 20.6. 6)	Schauspielhaus ges.	Concordia Mi. 19.6. 7)	Concordia Sa. 22.6. 8)	Concordia So. 23.6. 9)	Concordia ges.	Theater ges.
Theatergruppe	7	5	4	5	5	3	4	4	10	1	6	6	5
Volksbühne	3	1	2	2	1	31	3	13	0	2	2	2	5
Goethebund	2	2	2	2	1	1	0	1	0	0	0	0	1
Sonstiges	11	5	7	8	6	6	5	6	7	4	1	4	7
Nein	77	86	80	80	83	59	86	75	82	92	90	88	80
Anzahl Befragte	597	358	550	1505	219	221	136	576	77	83	86	246	2327

1) Aida
2) Lysistrate
3) Der Vogelhändler
4) Man lebt nur einmal
5) Rotter
6) Die einzige Geschichte
7)-9) Föhn

Tabelle : 10   Museen

Grund des Bremen-Besuches
(Prozent der Besucher von außerhalb)

	Kunst-halle So.9.6. u. Di. 11.6. 1985	Kunst-halle Di.2.7. 1985	Kunst-halle ges.	Focke-museum So.2.6. 1985	Focke-museum Di.4.6. 1985	Focke-museum Do.6.6. 1985	Focke-museum ges.	Über-see-museum Do.6.6. 1985	Über-see-museum So.9.6. 1985	Über-see-museum Mi.12.6. 1985	Über-see-museum ges.	Museen ges.	Theater ges.
Tagung/Kongreß	22	3	15	6	16	0	6	4	0	1	1	4	
Privatbesuch.	24	25	25	35	49	57	41	22	23	17	21	25	
Um Bremen kennenzulernen	22	34	28	55	16	22	46	54	34	44	41	39	
Besuch des Museums	38	57	47	39	33	65	44	44	54	48	49	48	
Stadtführung/ Bummel	19	16	17	21	33	15	21	26	36	28	25	23	
Einkauf	8	9	9	3	33	7	6	13	7	3	8	7	
Anzahl Befragte	45	33	78	51	6	14	71	89	193	102	384	533	

Tabelle : 11   Museen

Anlaß für den Museums-Besuch

(Prozent)

	Kunst-halle So.9.6. u. Di. 11.6. 1985	Kunst-halle Di.2.7. 1985	Kunst-halle ges.	Focke-museum So.2.6. 1985	Focke-museum Di.4.6. 1985	Focke-museum Do.6.6. 1985	Focke-museum ges.	Über-see-museum Do.6.6. 1985	Über-see-museum So.9.6. 1985	Über-see-museum Mi.12.6. 1985	Über-see-museum ges.	Museen ges.	Theater ges.
Plakat	16	2	13	3	0	0	2	2	2	0	1	4	
Zeitungsbericht	9	9	9	5	0	0	3	1	6	2	4	5	
Kunst- oder Museumsführer	11	2	8	13	9	8	11	5	3	9	5	7	
Berichte von Bekannten und Verwandten	10	5	8	28	9	23	25	38	26	31	30	25	
Pers. Interesse	48	53	50	44	36	65	49	51	53	57	54	52	
Anzahl Befragte	122	43	165	64	11	26	101	99	265	116	480	746	

Tabelle : 12   Museen

Besuchergrund: Sonderausstellung/Dauerausstellung
(Prozent)

	Kunsthalle So.9.6. u. Di. 11.6. 1985	Kunsthalle Di.2.7. 1985	Kunsthalle ges.	Fockemuseum So.2.6. 1985	Fockemuseum Di.4.6. 1985	Fockemuseum Do.6.6. 1985	Fockemuseum ges.	Überseemuseum Do.6.6 1985	Überseemuseum So.9.6. 1985	Überseemuseum Mi.12.6. 1985	Überseemuseum ges.	Museen ges.	Theater ges.
Sonderausstellung	23	12	20	8	0	4	6	1	7	3	5	8	
Dauerausstellung	25	16	22	34	45	23	33	42	38	51	42	37	
Sowohl als auch	47	70	22	52	55	65	55	51	50	44	49	51	
Anzahl Befragte	122	43	165	64	11	26	101	99	265	116	480	746	

Tabelle: 13 a

Theater

Herkunft und Aktivitäten

Herkunft

	Keine Angabe	Bremen Stadt	Bremen-Nord	Außerhalb	Umland	Übrige BRD	Ausland	
Keine Angabe	5*	25	1	8	5	0	0	39
	50,0**	2,0	0,6	0,9	1,0	0,0	0,0	1,7
Besuch anderer Kultureinrichtungen	0	32	4	64	21	22	8	100
	0,0	2,6	2,3	7,2	4,3	13,3	30,8	4,3
Stadtbesichtigung	0	7	4	54	9	31	7	65
	0,0	0,6	2,3	6,1	1,8	18,7	26,9	2,8
Einkauf	0	15	4	57	26	14	7	76
	0,0	1,2	2,3	6,4	5,3	8,4	26,9	3,3
Beanspruchung von Dienstleistungen	1	24	2	19	6	6	3	46
	10,0	1,9	1,1	2,1	1,2	3,6	11,5	2,0
Restaurant-, Café-, Gaststättenbesuch	1	442	58	340	196	73	11	841
	10,0	35,2	33,0	38,3	40,2	44,0	42,3	36,1
Sonstiges	2	89	13	117	36	55	6	221
	20,0	7,1	7,4	13,2	7,4	33,1	23,1	9,5
Nein	1	700	97	441	262	49	10	1238
	10,0	55,8	55,1	49,7	53,7	29,5	38,5	53,2
	10	1254	176	888	488	166	26	2327
	0,4	53,9	7,6	38,2	21,0	7,1	1,1	100,0

(Aktivitäten)

* Anzahl
** Spaltenprozente

Prozent- und Gesamtwerte beruhen auf der Zahl der Fragebögen!

Tabelle: 13 b   Museen

Herkunft und Aktivitäten

Herkunft

	Keine Angabe	Bremen-Stadt	Bremen-Nord	Außerhalb	Umland	Übrige BRD	Ausland	
Keine Angabe	0*	0	0	3	0	2	1	3
	0,0**	0,0	0,0	0,6	0,0	0,7	2,8	0,4
Andere Museumsbesuche	1	22	1	96	6	62	13	121
	100,0	11,1	7,7	18,0	5,5	20,6	36,1	16,2
Theater Konzerte etc.	0	13	0	18	1	11	4	31
	0,0	6,6	0,0	3,4	0,9	3,7	11,1	4,2
Stadtbesichtigung	0	12	5	320	28	215	25	337
	0,0	6,1	38,5	60,0	25,7	71,4	69,4	45,2
Einkauf	0	21	3	85	14	51	10	110
	0,0	10,6	23,1	15,9	12,8	16,9	27,8	14,7
Restaurant-, Café-, Gaststättenbesuche	1	32	2	153	26	93	13	189
	100,0	16,2	15,4	28,7	23,9	30,9	36,1	25,3
Sonstige	0	43	6	194	35	118	14	243
	0,0	21,7	46,2	36,4	32,1	39,2	38,9	32,6
Nein	0	111	2	58	30	16	3	171
	0,0	56,1	15,4	10,9	27,5	5,3	8,3	22,9
	1	198	13	533	109	301	36	746
	0,1	26,5	1,7	71,4	14,6	40,3	4,8	100,0

* Anzahl
** Spaltenprozente

Prozent- und Gesamtwerte beruhen auf der Zahl der Fragebögen!

Tabelle: 14 a   Theater

Hotelübernachtung und Aktivitäten

Hotelübernachtung

	Keine	Ja	Nein	
Keine Angabe	10* 9,3**	2 3,1	27 1,3	39 1,7
Besuch anderer Kultureinrichtungen	12 11,2	22 34,4	66 3,1	100 4,3
Stadtbesichtigung	4 3,7	23 35,9	38 1,8	65 2,8
Einkauf	7 6,5	14 21,9	55 2,6	76 3,3
Beanspruchung von Dienstleistungen	4 3,7	6 9,4	36 1,7	46 2,0
Restaurant-, Café-, Gaststättenbesuch	54 50,5	36 56,3	751 34,8	841 36,1
Sonstiges	8 7,5	25 39,1	188 8,7	221 9,5
Nein	36 33,6	6 9,4	1196 55,5	1238 53,2
	107 4,6	64 2,8	2156 92,7	2327 100,0

(Aktivitäten)

* Anzahl
** Spaltenprozente

Prozent- und Gesamtwerte beruhen auf der Zahl der Fragebögen!

Tabelle: 14 b

Museen

Hotelübernachtung und Aktivitäten

Hotelübernachtung

	Keine Angabe	Ja	Nein	
Keine Angabe	0* 0,0**	2 2,5	1 0,2	3 0,4
Andere Museumsbesuche	15 19,0	30 38,0	76 12,9	121 16,2
Theater Konzerte etc.	6 7,6	7 8,9	18 3,1	31 4,2
Stadtbesichtigung	10 12,7	58 73,4	269 45,7	337 45,2
Einkauf	11 13,9	14 17,7	85 14,5	110 14,7
Restaurant-, Café-, Gaststättenbesuch	18 22,8	33 41,8	138 23,5	189 25,3
Sonstiges	16 20,3	28 35,4	199 33,8	243 32,6
Nein	39 49,4	0 0,0	132 22,4	171 22,9
	79 10,6	79 10,6	588 78,8	746 100,0

(Aktivitäten)

* Anzahl
** Spaltenprozente

Prozent- und Gesamtwerte basieren auf der Zahl der Fragebögen!

Tabelle: 15 a

Theater

Aktivitäten und Geldausgabe

Geldausgabe

	Keine Angabe	Unter 10 DM	10 bis 20 DM	20 bis 50 DM	50 bis 100 DM	Über 100 DM	Durch-schnitt (DM)
Keine Angabe	5* / 5,9**	14 / 1,8	10 / 1,5	6 / 1,0	1 / 0,8	3 / 3,8	1,
Besuch anderer Kultureinrichtungen	5 / 5,9	16 / 2,0	30 / 4,5	25 / 4,3	2 / 1,6	22 / 28,2	39 / 10 / 4,
Stadtbesichtigung	4 / 4,7	4 / 0,5	16 / 2,4	17 / 3,0	5 / 3,9	19 / 24,4	51 / 2,
Einkauf	2 / 2,4	6 / 0,8	16 / 2,4	17 / 3,0	10 / 7,8	25 / 32,1	55 / 7 / 3,
Beanspruchung von Dienstleistungen	5 / 5,9	9 / 1,1	12 / 1,8	12 / 2,1	1 / 0,8	7 / 9,0	34 / 2,
Restaurant-, Café-, Gaststättenbesuch	23 / 27,1	131 / 16,6	293 / 43,8	267 / 46,4	85 / 65,9	42 / 53,8	30 / 84 / 36,
Sonstiges	8 / 9,4	55 / 7,0	62 / 9,3	57 / 9,9	14 / 10,9	25 / 32,1	31 / 22 / 9,
Nein	47 / 55,3	587 / 74,2	302 / 45,1	258 / 44,9	33 / 25,6	11 / 14,1	16 / 123 / 53,
	85 / 3,7	791 / 34,0	669 / 28,7	575 / 24,7	129 / 5,5	78 / 3,4	22 / 232 / 100,

(Aktivitäten)

* Anzahl
** Spaltenprozente

Prozent- und Gesamtwerte beruhen auf der Zahl der Fragebögen!

Tabelle: 15 b

Museen

Aktivitäten und Geldausgabe

Geldausgabe

	Keine Angabe	Unter 10 DM	10 bis 20 DM	20 bis 50 DM	50 bis 100 DM	Über 100 DM		Durch-schnitt (DM)
Keine Angabe	1 * 1,4 **	1 0,3	0 0,0	0 0,0	0 0,0	1 1,4		3 0,4
Andere Museumsbe-suche	11 14,9	37 11,7	20 13,6	20 20,0	9 23,7	24 33,8	38	121 16,2
Theater Konzerte etc.	6 8,1	12 3,8	3 2,0	3 3,0	2 5,3	5 7,0	33	31 4,2
Stadtbe-sichtigung	18 24,3	100 31,6	81 55,1	55 55,0	28 73,7	55 77,5	35	337 45,2
Einkauf	11 14,9	36 11,4	22 15,0	14 14,0	10 26,3	17 23,9	34	110 14,7
Restaurant-, Café-, Gast-stättenbe-such	14 18,9	58 18,4	35 23,8	31 31,0	18 47,4	33 46,5	37	189 25,3
Sonstiges	19 25,7	99 31,3	51 34,7	35 35,0	14 36,8	25 35,2	26	243 32,6
Nein	30 40,5	113 35,8	14 9,5	12 12,0	2 5,3	0 0,0	8	171 22,9
	74 9,9	316 42,4	147 19,7	100 13,4	38 5,1	71 9,5	25	746 100,0

* Anzahl
** Spaltenprozente

Prozent- und Gesamtwerte basieren auf der Zahl der Fragebögen!

Tabelle: 16 a

Theater

Gruppengröße und Aktivitäten

Gruppengröße

	Keine Angabe	1 Person	2 Personen	3 bis 5 Personen	6 bis 10 Personen	über 10 Pers.	
Keine Angabe	4* / 7,1**	10 / 1,6	14 / 1,5	7 / 1,4	2 / 2,5	2 / 1,9	1,
Besuch anderer Kultureinrichtungen	4 / 7,1	38 / 6,0	44 / 4,6	10 / 2,0	1 / 1,2	3 / 2,8	10 / 4,
Stadtbesichtigung	4 / 7,1	22 / 3,5	24 / 2,5	8 / 1,6	3 / 3,7	4 / 3,7	2,
Einkauf	1 / 1,8	19 / 3,0	35 / 3,7	12 / 2,4	2 / 2,5	7 / 6,5	3,
Beanspruchung von Dienstleistungen	4 / 7,1	14 / 2,2	20 / 2,1	6 / 1,2	0 / 0,0	2 / 1,9	2,
Restaurant-, Café-, Gaststättenbesuch	19 / 33,9	209 / 33,0	346 / 36,2	199 / 40,4	37 / 45,7	31 / 28,7	8. / 36
Sonstiges	5 / 8,9	78 / 12,3	78 / 8,2	44 / 8,9	5 / 6,2	11 / 10,2	2 / 9
Nein	29 / 51,8	340 / 53,7	529 / 55,3	242 / 49,2	33 / 40,7	65 / 60,2	12 / 53
	56 / 2,4	633 / 27,2	957 / 41,1	492 / 21,1	81 / 3,5	108 / 4,6	23 / 100

* Anzahl
** Spaltenprozente

Prozent- und Gesamtwerte beruhen auf der Zahl der Fragebögen!

Tabelle: 16 b

Museen

Gruppengröße und Aktivitäten

Gruppengröße

	Keine Angabe	1 Person	2 Personen	3 bis 5 Personen	6 bis 10 Personen	über 10 Pers.	
Keine Angabe	0* 0,0**	2 1,0	0 0,0	1 0,6	0 0,0	0 0,0	3 0,4
Andere Museumsbesuche	4 14,8	40 20,1	37 15,7	16 9,8	7 31,8	17 17,2	121 16,2
Theater Konzert etc.	2 7,4	13 6,5	7 3,0	5 3,1	1 4,5	3 3,0	31 4,2
Stadtbesichtigung	8 29,6	66 33,2	106 44,9	75 46,0	16 72,7	66 66,7	337 45,2
Einkauf	5 18,5	29 14,6	31 13,1	25 15,3	4 18,2	16 16,2	110 14,7
Restaurant-, Café-, Gaststättenbesuch	11 40,7	38 19,1	61 25,8	43 26,4	13 59,1	23 23,2	189 25,3
Sonstiges	12 44,4	58 29,1	71 30,1	56 34,4	7 31,8	39 39,4	243 32,6
Nein	5 18,5	54 27,1	64 27,1	36 22,1	3 13,6	9 9,1	171 22,9
	27 3,6	199 26,7	236 31,6	163 21,8	22 2,9	99 13,3	746 100,0

* Anzahl
** Spaltenprozente

Prozent- und Gesamtwerte beruhen auf der Zahl der Fragebögen!

Tabelle: 17 a   Theater

Alter und Aktivitäten

Alter

	Keine Angabe	Unter 20	20 bis 29	30 bis 39	40 bis 59	60 und älter	
Keine Angabe	3* 10,7**	4 0,9	3 0,8	6 1,4	15 1,7	9 3,6	39 1,7
Besuch anderer Kultureinrichtungen	4 14,3	7 1,7	28 7,0	23 5,2	29 3,4	11 4,4	100 4,3
Stadtbesichtigung	3 10,7	6 1,4	19 4,8	11 2,5	20 2,3	7 2,8	65 2,8
Einkauf	1 3,6	16 3,8	13 3,3	12 2,7	22 2,6	16 6,4	76 3,3
Beanspruchung von Dienstleistungen	2 7,1	5 1,2	8 2,0	6 1,4	12 1,4	15 6,0	46 2,0
Restaurant-, Café-, Gaststättenbesuch	13 46,4	127 30,1	181 45,5	170 40,5	300 34,8	68 27,2	841 36,1
Sonstiges	3 10,7	35 8,3	64 16,1	53 12,0	50 5,8	23 9,2	221 9,5
Nein	9 32,1	253 60,0	162 40,7	206 46,6	497 57,7	155 62,0	1238 53,2
	28 1,2	422 18,1	398 17,1	442 19,0	862 37,0	250 10,7	2327 100,0

Aktivitäten

* Anzahl
** Spaltenprozente

Prozent- und Gesamtwerte beruhen auf der Zahl der Fragebögen!

Tabelle: 17 b

Museen
Alter und Aktivitäten
Alter

	Keine Angabe	Unter 20	20 bis 29	30 bis 39	40 bis 59	60 und älter	
Keine Angabe	1 * 16,7 **	0 0,0	0 0,0	1 0,5	1 0,4	0 0,0	3 0,4
Andere Museumsbesuche	0 0,0	26 13,3	14 8,1	23 11,6	48 20,9	26 26,8	121 16,2
Theater/ Konzerte etc.	0 0,0	8 4,1	7 4,1	3 1,5	10 4,3	6 6,2	31 4,2
Stadtbesichtigung	4 66,7	102 52,3	66 38,4	85 42,9	112 48,7	51 52,6	337 45,2
Einkauf	1 16,7	31 15,9	27 15,7	27 13,6	31 13,5	15 15,5	110 14,7
Restaurant-, Café-, Gaststättenbesuch	3 50,0	44 22,6	56 32,6	55 27,8	55 23,9	21 21,6	189 25,3
Sonstiges	1 16,7	75 38,5	58 33,7	58 29,3	73 31,7	27 27,8	243 32,6
Nein	0 0,0	37 19,0	50 29,1	55 27,8	45 19,6	14 14,4	171 22,9
	6 0,8	195 26,1	172 23,1	198 26,5	230 30,8	97 13,0	746 100,0

* Anzahl
** Spaltenprozente

Prozent- und Gesamtwerte basieren auf der Zahl der Fragebögen!

Tabelle: 18 a

Theater

Herkunft und Geldausgabe

Herkunft

	Keine Angabe	Bremen Stadt	Bremen-Nord	Außer-halb	Umland	Übrige BRD	Ausland	
Keine Angaben	1* 10,0**	45 3,6	5 2,8	34 3,8	17 3,5	7 4,2	4 15,4	85 3,7
unter 10 DM	2 20,0	502 40,0	71 40,3	217 24,4	140 28,7	33 19,9	5 19,2	791 34,0
10 bis 20 DM	5 50,0	388 30,9	40 22,7	236 26,6	152 31,1	28 16,9	6 23,1	669 28,7
20 bis 50 DM	1 10,0	264 21,1	46 26,1	264 29,7	138 28,3	44 26,5	6 23,1	575 24,7
50 bis 100 DM	0 0,0	42 3,3	11 6,3	76 8,6	30 6,1	20 12,0	0 0,0	129 5,5
über 100 DM	1 10,0	13 1,0	3 1,7	61 6,9	11 2,3	34 20,5	5 19,2	78 3,4
Durch-schnitt (DM)		17	21	30	23	44	37	22
	10 0,4	1254 53,9	176 7,6	888 38,2	488 21,0	166 7,1	26 1,1	2327 100,0

(Geldausgabe)

* Anzahl
** Spaltenprozente

Prozent- und Gesamtwerte basieren auf der Zahl der Fragebögen!

Tabelle: 18 b   Museen

Herkunft und Geldausgabe

Herkunft

	Keine Angabe	Bremen-Stadt	Bremen-Nord	Außer-halb	Umland	Übrige BRD	Ausland	
Keine Angaben	0*	46	2	26	2	12	7	74
	0,0**	23,2	15,4	4,9	1,8	4,0	19,4	9,9
unter 10 DM	1	124	5	186	63	90	11	316
	100,0	62,6	38,5	34,9	57,8	29,9	30,6	42,4
10 bis 20 DM	0	17	2	128	29	74	4	147
	0,0	8,6	15,4	24,0	26,6	24,6	11,1	19,7
20 bis 50 DM	0	9	1	90	13	55	5	100
	0,0	4,5	7,7	16,9	11,9	18,3	13,9	13,4
50 bis 100 DM	0	0	0	37	0	26	2	38
	0,0	0,0	0,0	6,9	0,0	8,6	5,6	5,1
über 100 DM	0	2	3	66	2	44	7	71
	0,0	1,0	23,1	12,4	1,8	14,6	19,4	9,5
Durch-schnitt (DM)	3	8	35	30	12	33	39	25
	1	198	13	533	109	301	36	746
	0,1	26,5	1,7	71,4	14,6	40,3	4,8	100,0

*   Anzahl

** Spaltenprozente

Prozent- und Gesamtwerte basieren auf der Zahl der Fragebögen!

Tabelle: 19 a

Theater

Alter und Geldausgabe

	Alter						
Geldausgabe	Keine Angabe	Unter 20	20 bis 29	30 bis 39	40 bis 59	60 und älter	
Keine Angabe	23* 82,1**	17 4,0	8 2,0	7 1,6	26 3,0	10 4,0	85 3,7
unter 10 DM	0 0,0	225 53,3	154 38,7	131 29,6	229 26,6	75 30,0	791 34,0
10 bis 20 DM	2 7,1	123 29,1	133 33,4	120 27,1	238 27,6	70 28,0	669 28,7
20 bis 50 DM	2 7,1	40 9,5	74 18,6	133 30,1	280 32,5	66 26,4	575 24,7
50 bis 100 DM	1 3,6	10 2,4	11 2,8	37 8,4	64 7,4	12 4,8	129 5,5
über 100 DM	0 0,0	7 1,7	18 4,5	14 3,2	25 2,9	17 6,8	78 3,4
Durchschnitt (DM)		12	20	25	26	26	
	28 1,2	422 18,1	398 17,1	442 19,0	862 37,0	250 10,7	2327 100,0

* Anzahl
** Spaltenprozente

Prozent- und Gesamtwerte basieren auf der Zahl der <u>Fragebögen</u>!

Tabelle: 19 b   Museen

Alter und Geldausgabe

Alter

Geldausgabe	Keine Angabe	Unter 20	20 bis 29	30 bis 39	40 bis 59	60 und älter	
Keine Angabe	4* 66,7**	14 7,2	15 8,7	18 9,1	15 6,5	19 19,6	74 9,9
Unter 10 DM	1 16,7	95 48,7	92 53,5	85 42,9	74 32,2	24 24,7	316 42,4
10 bis 20 DM	0 0,0	48 24,6	33 19,2	40 20,2	49 21,3	17 17,5	147 19,7
20 bis 50 DM	1 16,7	26 13,3	17 9,9	27 13,6	37 16,1	15 15,5	100 13,4
50 bis 100 DM	0 0,0	5 2,6	5 2,9	14 7,1	19 8,3	5 5,2	38 5,1
über 100 DM	0 0,0	7 3,6	10 5,8	14 7,1	36 15,7	17 17,5	71 9,5
Durchschnitt (DM)	19	17	17	24	34	38	
	6 0,8	195 26,1	172 23,1	198 26,5	230 30,8	97 13,0	746 100,0

* Anzahl
** Spaltenprozente

Prozent- und Gesamtwerte basieren auf der Zahl der Fragebögen!

Tabelle: 20 Museen

Geldausgabe und Grund des Bremen-Besuches

Grund des Bremen-Besuches

	Keine Angabe	Tagung	Privat-besuch	Bremen-kennenlernen	Besuch des Museums	Stadtführung	Einkauf	Sonstiges	
Keine Angabe	44* 16,4**	1 5,0	16 12,2	6 2,8	4 1,6	3 2,5	1 2,5	7 6,5	74 9,9
Unter 10 DM	139 51,7	2 10,0	43 32,8	56 26,4	98 38,9	43 35,2	14 35,0	40 37,0	316 42,4
10 bis 20 DM	37 13,8	4 20,0	27 20,6	51 24,1	63 25,0	28 23,0	9 22,5	24 22,2	147 19,7
20 bis 50 DM	22 8,2	2 10,0	20 15,3	40 18,9	44 17,5	22 18,0	4 10,0	20 18,5	100 13,4
50 bis 100 DM	7 2,6	6 30,0	11 8,4	19 9,0	16 6,3	9 7,4	4 10,0	5 4,6	38 5,1
Über 100 DM	20 7,4	5 25,0	14 10,7	40 18,9	27 10,7	17 13,9	8 20,0	12 11,1	71 9,5
Durchschnitt	19	57	30	38	27	31	36	28	25
	269 36,1	20 2,7	131 17,6	212 28,4	252 33,8	122 16,4	40 5,4	108 14,5	746 100,0

Prozent- und Gesamtwerte beruhen auf der Zahl der Fragebögen!

* Anzahl

** Spaltenprozente

Prof. Dr. Wolfgang Taubmann
Kulturgeographie, Universität Bremen

*Sehr geehrte Museumsbesucherin,
sehr geehrter Museumsbesucher!*

Die Bremischen Museen haben in erster Linie kulturelle Aufgaben, sie stellen aber auch einen wichtigen Faktor für die Anziehungskraft der Stadt dar. Um letzteren Aspekt zu untersuchen, führt der Lehrstuhl für Kulturgeographie an der Universität Bremen diese Umfrage durch. Für Ihre Mitwirkung wären wir Ihnen dankbar. Alle Angaben bleiben selbstverständlich anonym und werden nur statistisch ausgewertet.

Bitte kreuzen Sie die zutreffenden Felder an oder nehmen Sie entsprechende Eintragungen vor!

1) Kommen Sie aus Bremen oder von außerhalb?
   (Sofern Sie von außerhalb kommen, notieren Sie bitte Postleitzahl und Namen Ihres Wohnortes)

   1 ☐ Bremen-Stadt
   2 ☐ Bremen-Nord
   3 ☐ Außerhalb
   (..)

2) Verbinden Sie den Museumsbesuch mit anderen Aktivitäten in der Stadt?
   (Mehrfachnennungen möglich)

   4 ☐ ja, andere Museumsbesuche
   5 ☐ ja, Theater, Konzerte etc.
   6 ☐ ja, Stadtbesichtigung
   7 ☐ ja, Einkauf
   8 ☐ ja, Restaurant-/ Gaststätten-, Café-Besuch
   9 ☐ ja, Sonstiges
   10 ☐ Nein

3) Sofern Sie von außerhalb kommen, was ist der Grund Ihres Besuches in Bremen?
(Mehrfachnennungen möglich)

- 11 ☐ Tagung/Kongreß
- 12 ☐ Privatbesuch
- 13 ☐ um Bremen kennenzulernen
- 14 ☐ Besuch des Museums
- 15 ☐ Stadtführung/Stadtbummel
- 16 ☐ Einkauf
- 17 ☐ Sonstiges
  (Bitte Grund nennen)
  ....

4) Ist Ihr Museumsbesuch mit der Übernachtung in einem Bremer Hotel verbunden?

- 18 ☐ ja
- 19 ☐ nein

5) Wieviel Geld geben Sie schätzungsweise insgesamt **pro Person** im Zusammenhang mit diesem Museumsbesuch in Bremen aus?
(Ohne Eintrittskarte)

- 20 ☐ unter 10,– DM
- 21 ☐ 10,– bis 20,– DM
- 22 ☐ 20,– bis 50,– DM
- 23 ☐ 50,– bis 100,– DM
- 24 ☐ über 100,– DM

6) Kommen Sie hauptsächlich, um eine Sonderausstellung zu besichtigen oder interessieren Sie sich mehr für die Dauerausstellung dieses Museums?

- 25 ☐ Sonderausstellung
- 26 ☐ Dauerausstellung
- 27 ☐ Sowohl als auch

7) Was hat Sie zum Besuch gerade dieses Museums veranlaßt?
   (Mehrfachnennungen möglich)

   28 ☐ Plakat

   29 ☐ Zeitungsbericht

   30 ☐ Kunst- oder Museumsführer

   31 ☐ Berichte von Bekannten/ Verwandten

   32 ☐ Persönliches Interesse am Sammelgebiet dieses Museums

   33 ☐ Sonstiges

8) Sind Sie allein hier oder zu mehreren Personen?
   (Bitte jeweils Anzahl eintragen!)

   34 ☐ weiblich

   35 ☐ männlich

9) Wie alt sind Sie?

   36 ☐ unter 20

   37 ☐ 20 bis 29

   38 ☐ 30 bis 39

   39 ☐ 40 bis 59

   40 ☐ 60 und älter

Vielen Dank für Ihre Mithilfe!